Ludwig Kroner

Kölsche Weihnachtsfreude

24 Geschichten und Gerichte

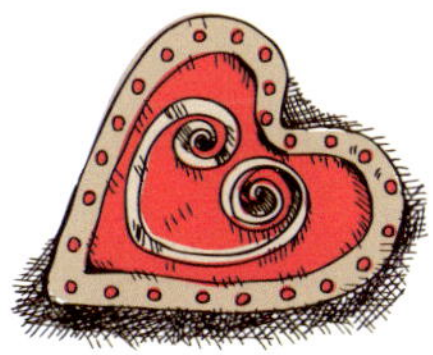

Für meine Freunde
Per als meus amics

Toni (Köln) und Ignasi (Girona)

EDITION
LEMPERTZ

Inhalt

Vorwort

Die klassischen Männerthemen wie Autos und Fußball haben mich schon immer eher kalt gelassen. Vielmehr hat mich seit jeher Geschichte begeistert. Die große Historie, aber auch die kleinen Anekdoten – Geschichten über Menschen, Hunde und Katzen, um das Thema Essen und Trinken und über die Stadt Köln. Ich bin in Köln geboren und fühle mich als Kölner wohl. Als Student habe ich Stadtführungen gemacht, Brauereibesichtigungen organisiert und später als Polizeiseelsorger 15 Jahre lang Domführungen durchgeführt. Köln war für mich immer faszinierend – die 2000-jährige Stadtgeschichte beinhaltet einen enormen Schatz an interessanten Erzählungen, angefangen mit der männermordenden Agrippina, unserer Stadtgründerin, die später selbst ihrem Sohn Nero zum Opfer fiel. Aber diese Geschichte gehört nicht in die Adventszeit. In dieses Buch gehören Erzählungen wie die über den ersten Adventskranz in Köln, ebenso die Geschichte meiner Hündin Sally oder die der Gans Martina, deren Schicksal kurz vor dem Heiligabend noch eine unverhoffte Wendung nahm. Joseph Kardinal Frings findet genauso seinen Platz in dieser Sammlung wie der poetische Stadtstreicher Herbert. Es gibt eine Geschichte über Polizeibeamte, eine über Mitglieder der Feuerwehr und eine über einen Diebstahl, an dessen Anzeige niemand Interesse hatte.

Einige Erzählungen sind humoristisch, andere lehrreich, wieder andere besinnlich. Ich hoffe jedoch, dass keine langweilig ist. Es sind Geschichten, die ich meinen Enkelinnen erzählen würde,

wenn ich welche hätte. Am liebsten würde ich sie beim Essen erzählen, denn zusammen Kochen und Essen ist für mich die Grundlage für die beste Kommunikation. Aus diesem Grund habe ich jeder Geschichte ein passendes Rezept beigelegt. Die Gerichte sind dabei nach zwei Merkmalen ausgesucht: Sie gehören für mich zu der Geschichte – und sie schmecken mir!

Einige Dialoge habe ich auf Kölsch geschrieben. Ich bin mit der kölschen Sprache groß geworden, Hochdeutsch habe ich erst auf dem Gymnasium gelernt. Mein Volksschullehrer kam gebürtig vom Eigelstein und so sprach er auch. Einer seiner Lieblingssätze war: „Jungens, Jesus schreibt man vorne mit „Jot“, und Jott schreibt man vorne mit „Je“.
Auch heute spreche ich noch gerne Kölsch, halte kölsche Predigten und schreibe generell so, wie mir der Schnabel gewachsen ist. Wenn sie dies für einen Fehler halten, kein Problem – ich habe noch genug andere.
Zu guter Letzt wünsche ich ihnen von Herzen:

„E glöcksillisch Chreskind, nen joden Rutsch un Hals un Beinbruch* für dat neue Johr!“
* s. Geschichte „Guter Rutsch“

Ludwig Kroner

Adventskranz und Zimtschnecken

Totensonntag war vorbei, nun stand der erste Advent bevor.
Johanna fuhr mit ihren Kindern Paul, Max und der kleinen Marie zum Großvater. Opa Toni, wie ihn die gesamte Familie nannte, wohnte am Stadtrand von Köln und hatte seine Familie eingeladen, in seinem Garten die Zweige für ihren Adventskranz zu schneiden. Gestern erst hatte Johanna im Baumarkt einen Strohrohling und eine Rolle Bindedraht gekauft; sie hatte sich überlegt, den Kranz dieses Jahr aus unterschiedlichen Zweigen wie Fichte, Wacholder und Kiefer zu gestalten.
Was für andere Materialien sie noch hinzunehmen konnte, würde sie vor Ort entscheiden: Opas Garten war für Kölner Verhältnisse nicht nur ziemlich groß, sondern auch artenreich. Aus ihren früheren Urlaubsreisen hatten Opa Toni und Oma Beate des Öfteren Ableger und Setzlinge der unterschiedlichsten Pflanzen mitgebracht. So wuchsen heute vor ihrer Haustür neben europäischen Nadelgehölzen einträchtig eine Magnolie, ein Ginkgo und Opas Lieblingsbaum, eine mexikanische Hochland-Akazie. Am Revers seiner Jacke trug Opa immer einen Pin mit einem kleinen goldenen Akazienzweig.

Für die ungefähr vierzig Kilometer von Porz-Langel in den Kölner Nordwesten benötigten Johanna und die Kinder heute Nachmittag fast eine Stunde. Als sie endlich eintrafen, hatte die Oma schon den Tisch gedeckt. Der Duft von frischem Kaffee und Kakao erfüllte das Wohnzimmer.
„Die Zimtschnecken sind auch fast fertig. Ich

komme gleich“, tönte Oma Beates Stimme aus der Küche. Als sie mit der Platte heißer Zimtschnecken ins Wohnzimmer kam, mischte sich der Teilchenduft mit dem Kaffee- und Kakaoaroma.
Marie lief strahlend auf sie zu und rief: „Oma, Oma, so riecht Advent!“
„Vorsicht, Mariechen, sonst lasse ich noch die Platte mit den Schnecken fallen.“
„Oma, auf deine Zimtschnecken freue ich mich das ganze Jahr!“, rief Mariechen begeistert. „Aber du backst sie immer nur am 1. Advent. Warum eigentlich? Du könntest sie doch viel öfter backen!“
„Nun setzt euch doch erst mal an den Tisch, sonst werden Kakao und Schnecken kalt.“ Um den Kaffee machte sich Oma Beate keine Sorgen, denn der befand sich in ihrer alten Melitta-Thermohaubenkanne, die sie vor 42 Jahren zur Hochzeit geschenkt bekommen hatte und die noch immer treu ihren Dienst tat.

Als alle am Tisch saßen, antwortete sie auf die Frage von Mariechen.
„Damals, als eure Mutter noch nicht geboren war, hab ich mit dem Opa einige Tage im Advent in Göteborg verbracht. Dort haben wir eine Freundin besucht, die einen Schweden geheiratet hatte, und von ihr habe ich das Rezept bekommen! Ihr müsst wissen, in Schweden nennt man die Schnecken Kanelbullar. Im Advent erinnere ich mich durch das Backen der Zimtschnecken an diesen Besuch. Da wir sie nur im Advent backen, sind sie für uns etwas Besonderes, auf das wir uns das ganze Jahr freuen.“
„Joa, da sähste jet“, pflichtete Opa Toni bei. „Wenn isch im September beim Aldi schon die ezte Dominostein sinn und dä Speckulatius, dann kann isch dat Zeusch an dä Fessdaach schon nit mieh sinn. Als isch klein wor, jov et sojar Appelsine nur em Dezember. Do woden die en Marokko oder Spanien jeerntet un kommen dann met däm Lassware noh Kölle. Die ezte Appelsin jov et immer bei uns op däm Nikolausteller. Wobei et nit schläsch es, dat et Appelsine hückzedaach et janze Johr jitt, vunwäje de Vitamine.“ [*„Da sagste was. Wenn ich im September beim Aldi schon die ersten Dominosteine und den Spekulatius sehe, dann kann ich das Zeug an den Festtagen schon nicht mehr sehen. Als ich klein war, gab es sogar Apfelsinen nur im Dezember. Da wurden die in Marokko oder Spanien geerntet und kamen dann mit dem Lastwagen nach Köln. Die ersten Apfelsinen gab es bei uns immer auf dem Nikolausteller. Wobei*

es nicht schlecht ist, dass es Apfelsinen heutzutage das ganze Jahr über gibt, der Vitamine wegen."] Paul hörte seinem Opa zwar aufmerksam zu, betrachtete dabei jedoch auch das Gebilde, das auf einem kleinen Beistelltisch im Wohnzimmer stand und offenbar einen Adventskranz darstellte. Dies schloss er aus den vier Kerzen, die darauf befestigt waren. Der Hauptbestandteil war ein Holzrad mit einem Eisenreifen, welches, wie er wusste, von Opas Bollerwagen stammte.

„Opa Toni, du hast ja dieses Jahr einen seltsamen Adventskranz gebaut! Hat der Bollerwagen jetzt ein Rad ab? Oder du?", meinte Paul scherzend.

„Paul, säht mer dat zo singem Besteva? Evver do häs Rääsch, dä Bollerware hätt jetz kein Rädder mieh. Isch han in suwiesu nit mieh jebruch. Us einem vun dä kleine Rädder han isch he dä kleine Kranz met dä vier Käze jemaat. Evver, pass op, us einem vun dä jruße Rädder han isch eine für uns Kirsch met 24 Käze jeschruf! Dä müsse mer uns anluure jon! Dä hät vier jroße Käze un zwanzisch kleene. Un en die Speische vun däm Radd han isch Zweije vun ener Kiefer und dä aale Tann hinge us dm Jaade jeflochte! Ungen draan han isch dann Kienäppele un Nöss jehange. Jenausu wie

domols dä Pastur Wiechers in Hambursch."
[*„Paul, sagt man das zu seinem Opa? Aber du hast Recht, der Bollerwagen hat jetzt keine Räder mehr. Ich hab ihn sowieso nicht mehr gebraucht. Aus einem von den kleinen Rädern hab ich hier den kleinen Kranz mit den vier Kerzen gemacht. Aber, pass auf, aus einem von den großen Rädern hab ich einen für unsere Kirche mit 24 Kerzen gebastelt! Den müssen wir uns anschauen gehen! Der hat vier große und zwanzig kleine Kerzen. Und in die Radspeichen hab ich Zweige einer Kiefer und die unserer alten Tanne hinten im Garten geflochten. Unten dran hab ich dann Zieräpfel und Nüsse gehängt. Genauso wie damals der Pastor Wiechers in Hamburg."*]
„Opa, wer war denn der Pastor Wiechers aus Hamburg?", unterbrach Max seinen Großvater.
„Der, Jung, der hat für üvver 180 Johr die Idee jehatt, für ärme un verloßene Pänz e neu Zehuss zo schaffe! Su hätt hä dat ezte Jurenddörp in Hambursch jejründet. Die wonnten do wie in Familije zesamme! Dat Dörp woot dat „Rute Hus" jenannt, weil et Backsteinhüser wore. Dursch e ne Üvversetzungsfähler us däm Hamburjer Platt in e Huhdeutsche woot evver dann „Rauhes Haus" druss.
Die hatte do och en Kirsch. Un für die Kirsch hät dä Pastur für die Pänz ne runde Adventskalender gebaut: Op nem zwei Meter jroße Karrerad hät hä vier jroße Käze für die Sondare un zwanzisch kleene Käze für die Dare en der Woch monteet. Wenn alle vierundzwanzig Käze brannte, wor Hellischovend. Dat jov et dann immer öfter en dä evanjelische Kirsche. Evver met der Zick lot mer die kleene Käze weg, denn dat Dinge wor ze jroß! Un do et einfacher ze maache wor, nohm mer statt nem Karrerad ne Tannekranz. Un esu hat mer die Adventskränz. Die wullte die Lück dann och ze Huss han. Dä ezte Adventskranz en ene katholischen Kirsch jov et 1925 en Kölle en Zint Frings op dr Fringsstroß, do, wo ming Eldere jeläv han.
Joa, un jetz, Max, jetz weiß do, wä dr Pastur Wiechers es: dä Erfinder vun dä Jurenddörfer – un vum Adventskranz!" [*„Der hat vor über 180 Jahren die Idee gehabt für arme und verlassene Kinder ein neues Zuhause zu schaffen! So hat er das erste Jugenddorf in Hamburg gegründet. Die wohnten dann wie in Familien zusammen! Das Dorf wurde das „Rute Hus" genannt, weil es Backsteinhäuser waren. Durch einen Übersetzungsfehler aus dem Hamburger Platt ins Hochdeutsche wurde es dann zu „Rauhes Haus".
Dort gab es auch eine Kirche. Und in der Kirche hat der Pastor für die Kinder einen runden Adventskalender gebaut: Auf einem 2 Meter hohen*

Karrerad hat er vier große Kerzen für die Sonntage und zwanzig kleine Kerzen für die Wochentage montiert. Wenn alle vierundzwanzig Kerzen brannten, war Heiligabend. Das gab es dann immer öfters in den evangelischen Kirchen. Aber mit der Zeit ließ man die kleinen Kerzen weg, da der Kranz zu groß war. Um es einfacher zu machen, nahm man anstatt eines Rads einen Tannenkranz. So kam man zu den Adventskränzen. Die wollten die Leute dann auch zu Hause haben.
Den ersten Adventskranz in einer katholischen Kirche gab es 1925 in Köln in St. Frings auf der Fringsstraße, dort, wo meine Eltern gelebt haben. Ja, Max, jetzt weißt du, wer der Pastor Wiechers gewesen ist: der Erfinder der Jugenddörfer – und des Adventskranz'!"]
Johanna stand vom Tisch auf:
„Ich gehe jetzt in den Garten. Ich muss unseren diesjährigen Adventskranz noch erfinden. Kinder, wie ich Opa kenne, werdet ihr euch bestimmt nicht langweilen."

Oma Beates Zimtschnecken

Das Rezept hat sie vor 30 Jahren aus einem Schwedenurlaub mitgebracht.

1. Die Hefe in lauwarmer Milch auflösen. Ein Ei, 60 g Zucker, Salz, Kardamom, einen Teil Mehl und 250 g weiche Butter dazugeben und vermischen. Danach das restliche Mehl hinzufügen.

2. Den Teig gut durchkneten und an einem warmen Ort abgedeckt gehen lassen, bis sich das Volumen verdoppelt hat.

3. Den aufgegangenen Teig noch einmal gut durchkneten, damit er feinporig wird.
Den Teig zu einer ca. 1 cm dicken, rechteckigen Platte ausrollen. Diese mit weicher Butter bestreichen und den Rest Zucker und Zimt darüber streuen. Die Teigplatte aufrollen und schräg aufschneiden. Nochmals an einem zugfreien Ort gehen lassen. Die aufgegangenen Zimtschnecken mit geschlagenem Ei bestreichen und mit Mandelsplittern und Hagelzucker bestreuen. Bei 250°C ca. 10-15 Minuten goldbraun backen.

ZUTATEN

für 6 Portionen

50 g frische Hefe
½ l Milch
2 Eier
220 g Zucker
2 TL Salz
1 EL Kardamom
900 g Mehl
400 g Butter
2 TL Zimt
Gehobelte Mandeln
Hagelzucker

2

Advent 1925 oder: „Et jitt jet Neues in Zint Vrings"

Es war Samstag, der 28. November 1925. In Köln ging es langsam wieder aufwärts. Die schlimmsten Kriegsfolgen hatten die Bewohner der Rheinmetropole überwunden. Zwar hatte die Hyperinflation nach Kriegsende die Kölner schwer gebeutelt, und manches stattliche Vermögen war wie Sand in einer Eieruhr verronnen – doch so schnell gab ein Rheinländer nicht auf. Die Kölner Kaufleute hatten es in den letzten 800 Jahren immer wieder geschafft, alle Krisen zu meistern; selbst aus dem 30-jährigen Krieg war die Stadt beinahe unversehrt hervorgegangen. „Et hät noch immer jot jejange." So lautete das Motto schon seit jeher.
Und so erfreuten sich die Kölner an der wirtschaftlichen Erholung und genossen die neue außenpolitische Wertschätzung. In einigen Kölner Tanzgaststätten spielten die neuen Phonoautomaten den Charleston, den Josephine Baker erst diesen Sommer in Europa bekanntgemacht hatte. Die jungen Frauen trugen Kurzhaarfrisuren und – man feierte wieder! Es waren die Roaring Twenties. Die Wilden Zwanziger.

Heute jedoch ging es ruhiger zu. Es war der Samstag vor dem ersten Advent.
In einer Stunde begann der erste Adventsgottesdienst in Sankt Severin. Sibilla Langel hatte sich mit Gertrud Roth, ihrer Freundin aus Kindertagen, am Klösterchen in der Jakobstraße verabredet, um gemeinsam den ersten Gottes-

dienst des neuen Kirchenjahres zu besuchen. Viele Hausfrauen nutzten die Vorabendmesse, um am Sonntagmorgen, wenn der Vater mit den Kindern in die Kirche ging, Zeit für die Zubereitung des Mittagessens zu haben. Oft kamen die Kinder dann aber alleine nach Hause, weil die Väter es sich nicht nehmen ließen, noch in einer der vielen Kneipen auf der Severinstraße zum Frühschoppen einzukehren. Erst kurz vor dem Mittagessen wurde dann meist eins der Kinder losgeschickt, „den Papa holen", denn beim Frühschoppen vergaßen viele die Zeit – obwohl die Taschenuhr, die zum Sonntagsanzug getragen wurde, genaue Auskunft gegeben hätte und auch die Uhr von Sankt Severin jede Viertelstunde mit ihren Glockenschlägen lautstark die Zeit verkündete.

Auf dem Weg von der Jakobstraße zur Kirche waren Sibilla und Gertrud mit Feuereifer in ein Thema verwickelt, das ihnen keine Ruhe ließ. Die Frau des Küsters hatte eine Anspielung gemacht, es würde in der diesjährigen Adventsmesse eine große Überraschung geben. Was konnte das nur sein?
„Billa, häs du en Idee, wat dat Küsters Urschel gemeint han künnt? Han mer neue Kreppefijure?" [*„Billa, hast du eine Idee, was die Ursel vom*

Küster gemeint haben könnte? Haben wir neue Krippenfiguren?"]
„Trudi, isch weiß et och nit. Et wor nix us däm Urschel erus ze kitzele. Et saat nur, dä Pastuur hät im usdrücklisch verbodde, jät drüvver ze saare." [*„Trudi, ich weiß es auch nicht. Es war nichts aus der Ursel herauszukitzeln. Sie sagte nur, dass der Pastor ihr ausdrücklich verboten hätte, darüber zu reden."*]
Tratschend erreichten die Frauen die Kirche. Obwohl die Messe noch längst nicht begonnen hatte, waren besonders auf der linken Seite, auf der traditionell die Frauen saßen, nur noch wenige Plätze frei. 1925, als der Besuch der Messe noch etwas Selbstverständliches war, hatten die meisten Gemeindeglieder in der Kirche noch ihren Stammplatz – und so gingen Billa und Trudi links vorbei bis zur dritten Reihe, wo sie jeden Samstag saßen.
Schräg vor ihnen war der Platz von Elisabeth Neuhoff, einer Nachbarin aus der Karthäusergasse, deren Mann im Kirchenvorstand war. Billa deutete auf Bettis Hut und tuschelte: „Trudi, luur ens dä Kompotthoot vun dem Betty. Die Federe an dä Kremp, dat es jetz et Allerneuste. Dä Titze Leienard hät die zick dä letzte Woch. Do kom it och jrad vum Frisör, met däm neue Bubykopp. Die koote Hoor stonn im jo üvverhop nit. Isch gläuv, wenn isch su noh Hus köm, minge Mann wöd misch met däm Besem dursch et Huus jare. Ungerm Mantel hätt dat och bestemp e kot Kleid an. Wat et hück ze Daach nit alles jitt ..." [*„Trudi, schau dir den Kompotthut von der Betty an. Die Federn an der Krempe, die sind jetzt das Allerneuste. Der Leonard Tietze hat die seit letzter Woche. Da kommt sie grad vom Friseur mit dem neuen Bubykopf. Die kurzen Haare stehen ihr ja überhaupt nicht. Ich glaube, wenn ich so nach Hause komme, mein Mann würde mich mit dem Besen durchs Haus jagen. Unterm Mantel hat sie auch bestimmt ein kurzes Kleid an. Was es heutzutage nicht alles gibt..."*]
Doch plötzlich hielt Billa inne. Durch die Sakristeitür war der Küster in den hohen Chor getreten. In der Hand hielt er einen Stock, an dessen Ende eine kleine Flamme brannte – ähnlich den Stöcken, mit der die „Leuchtemänner" abends in den Straßen die Gaslaternen bedienten. Er zündete die verschiedenen Leuchter im Chorraum und die Kerzen auf dem Altar an. Jetzt wurde der Raum von einem warmen Licht erfüllt.
Billa und Trudi blickten nach oben. Im Chor baumelte von der Decke an einer langen Kette ein Tannenkranz von fast zwei Meter Durch-

messer. Vier rote Seidenschleifen hingen vom Kranz herab; vier rote Kerzen waren genau oberhalb der Schleifen in kleinen Tonschalen befestigt.

Es war ein Adventskranz. Der erste Adventskranz in einer katholischen Kirche. An ihm zündete der Küster nun die erste Kerze an. „Jehoot han isch jo schon ens vun su nem Kranz", flüsterte Billa ihrer Freundin zu. „Die Blauköpp han su jet en dr Adventszick en dr Kirsch. Jesinn han isch su jet evver noch nit. Welsche jode Christeminsch jeht schon en su en Kirsch? Dat musste jo bischte! Un isch jlöv och nit, dat sisch su jät bei uns durchsetze weet. Unser Höchwürden es do e bessje ze wick jejange. Dat kenne mer nit, dat bruche mer nit." [*„Gehört hab ich schon von so einem Kranz. Die Blauköpfe haben so was in der Adventszeit in der Kirche. Gesehen habe ich so was aber noch nicht. Welcher gute Christ geht schon in solch eine Kirche? Das müsstest du doch dann beichten! Und ich glaub kaum, dass sich das bei uns durchsetzen wird. Unser Hochwürden ist da ein bisschen zu weit gegangen. Das kennen wir nicht, das brauchen wir nicht."*]
„Evver Billa, dat kanns de doch nit esu sare", erwiderte Trudi. „Isch finge dat Dingen schön. Ich ha su ene Kranz schon ens en dr Trinitatiskirsch jesinn. Minge Mann hätt do em letzte Johr elektrisch Leesch jelaat un isch han im et Esse gebraat. Mir hät dat jefalle. Isch jlöv da pass och in uns Kirsch. Isch han met mingem Mann gesproche, isch krieje dies Johr su jet als Kleines." [„Aber Billa, das kannst du doch nicht so sagen. Ich finde das Ding schön. Ich hab so einen Kranz schon in der Trinitatiskirche gesehen. Mein Mann hat dort im letzten Jahr elektrisches Licht gelegt und ich hab ihm das Essen gebracht. Mir hat der Kranz gefallen. Ich glaub, das passt auch in unsere Kirche. Ich hab mit meinem Mann gesprochen, ich kriege dieses Jahr so was in klein."]

Betti Neuhoff hatte den letzten Satz mitbekommen – allerdings nur diesen.
Schon am nächsten Tag erzählte man sich in der Karthäusergasse hinter vorgehaltener Hand: „Häste schon jehürt, et Trudi hätt met singem Mann ‚jesproche', et kritt noch ens jett Kleines." [*„Hast du schon gehört, die Trudi hat mit ihrem Mann ‚gesprochen'. Jetzt kriegt sie noch was Kleines."*]

Vanillekipferl

1. Mehl, 160 g des Zuckers, Butterstückchen, Mandeln und 2 Päckchen des Vanillezuckers mit dem Mixer zu einem glatten Teig verkneten. Aus dem Teig zwei lange Rollen formen und in Frischhaltefolie gewickelt für mindestens 2 Stunden in den Kühlschrank stellen.

2. In der Zwischenzeit den Backofen auf 180°C Ober-/Unterhitze vorheizen.

3. Nach Ablauf der Kühlzeit die Teigrollen portionsweise aus dem Kühlschrank nehmen und in Scheiben schneiden. Jedes Teigstück mit den Händen zuerst zu einer Kugel, dann zu einer an den Enden spitz zulaufenden kleinen Rolle formen und auf ein mit Backpapier ausgelegtes Backblech legen. Dabei die kleinen Rollen zu einem Hörnchen biegen.

4. Die Kipferl im Backofen etwa 15 Minuten backen. Unbedingt darauf achten, dass die Kipferl hell bleiben, sonst schmecken sie bitter.

5. Anschließend zwei Päckchen Vanillezucker mit dem restlichen Zucker mischen und in einen tiefen Teller geben. Die Kipferln vom Backblech nehmen und noch warm mit Hilfe von zwei Teelöffeln im Vanillezucker wälzen. Dabei vorsichtig arbeiten, da die Kipferl sehr mürbe sind. Die Kipferl auf einem Kuchengitter ganz abkühlen lassen.

ZUTATEN

500 g Mehl

300 g Zucker (fein)

480 g Butter, weich, in Stücken

170 g Mandeln (feingemahlen)

4 Päck. Vanillezucker

TIPP

Den Teig am besten vor dem Backen noch einmal kurz in den Kühlschrank stellen, damit die Kipferl gut formbar sind und beim Backen nicht verlaufen.

3

Sally alias Fräulein Müller oder: Ein Hund unterm Weihnachtsbaum

An dem Wochenende, als Gerd unseren Garten winterfest gemacht hatte, stellte er eine mittlerweile schon rhetorische Frage: „Braucht ihr auch dieses Jahr wieder einen Weihnachtsbaum?“
Na klar brauchten wir einen!
„Aber ich kann ihn euch dieses Jahr nicht vorbeibringen. Ihr müsst ihn schon abholen kommen.“
So fuhren meine Frau und ich eine Woche vor Weihnachten zu Gerd. Er wohnte etwas außerhalb von Siegburg, sehr idyllisch, aber auch sehr abgelegen. Vor der Garage neben dem Haus lag eine gefällte Blautanne, ca. 2 Meter groß – vermutlich unser diesjähriger Weihnachtsbaum.
Wir klingelten an der Haustür. Als Gerd öffnete, waren wir sofort von drei bellenden Hunden umgeben, die eifrig mit dem Schwanz wedelten. Gerd konnte nur schwer nein sagen, wenn ein herrenloser Hund ein Zuhause suchte. Durch seinen Beruf als Gärtner in Privathaushalten hatte er in der Regel schnell eine neue Bleibe für seine Schützlinge gefunden.
Als wir beim Kaffee zusammen saßen, kamen wir auf die Hunde zu sprechen. Meine Frau und ich wussten sofort, worauf Gerd hinaus wollte.
Er schaute mich an. „Hör mal, seit einem Jahr bist du jetzt pensioniert. Als dein letzter Hund gestorben ist, hast du gesagt, dass du jetzt keinen neuen Hund mehr großziehen könntest,

weil du durch den Beruf nicht die nötige Zeit hättest. Die Ausrede zählt jetzt nicht mehr. Zum einen hast du jetzt mehr Zeit, zum anderen sollst du ja auch keinen Hund großziehen. Ich hätte da einen passenden für dich."

Ich schaute mir die drei Hunde, die jetzt im Wohnzimmer auf verschiedenen Decken lagen, an.

Da war zunächst ein weißer Schäferhund, noch jung und mit Sicherheit sehr lebhaft. Vor allem aber hatte meine bessere Hälfte Angst vor Schäferhunden. Er kam deshalb für uns nicht infrage.

Der zweite Hund, eine französische Bulldogge, war breit wie hoch, hatte eine Stupsnase und Glupschaugen. Er war bestimmt ein sehr lieber Hund, aber für uns nicht der Richtige.

Die dritte war eine kleine Yorkshire-Dame – ein süßes Hündchen, aber eben ein Hündchen. Ich stellte mir vor, wie meine 110 kg Gestalt einen vielleicht 2,5 kg schweren Yorkshire Terrier an der Leine Gassi führte. Gerd erlöste mich aus meinen Gedanken.

„Nein, ich meine keinen von den drei Rabauken hier. Sally liegt draußen im Flur. Sie ist lieber alleine und ziemlich schüchtern. Wartet, ich hole sie mal ins Wohnzimmer."

Als Gerd aus dem Flur zurückkam, folgte ihm eine mittelgroße schwarzweiße Hündin, die den Schwanz einzog. Der linke Vorderlauf war leicht nach außen gedreht, der rechte Hinterlauf im Kniegelenk bewegungseingeschränkt. Sie lief dadurch sehr vorsichtig und erinnerte mit ihren zaghaften Schritten an einen unbeholfenen Welpen. Der Rücken war schwarz, der Bauch, die Pfoten und die Schwanzspitze weiß. Der Kopf hatte die klassische Zeichnung eines Border Collies, nur war sie etwas kleiner. Ihre fast schwarzen Augen schauten mich an. Jetzt wusste ich, was Liebe auf den ersten Blick bedeutet.

Und es beruhte auf Gegenseitigkeit.

Sie kam zu mir und wollte sofort gestreichelt werden. Die Frage an meine Frau, ob wir sie nehmen sollten, war fast nur noch eine Form-

sache. Als wir uns später verabschiedeten, ließ sich Sally wie selbstverständlich anleinen, folgte uns zum Auto und stieg ein, ohne sich umzuschauen.
In ihrem neuen Zuhause war für Sally alles sehr schnell geklärt. Der bereitgestellte alte Hundekorb wurde verschmäht, das Sofa schien ihr viel bequemer. Sie wich mir nicht von der Seite und schlief jede Nacht neben meinem Bett. Später spendierte meine Frau eine Kinderbettmatratze, die dann in einem Holzrahmen neben dem Bett ihren Platz fand.
Kurz nach ihrem Einzug fuhr ich mit Sally zum Rathaus, um sie bei der Hundesteuerstelle anzumelden.
Der kurz angebundene Beamte fragte mich:
„Was ist das für ein Hund?“
„Eine Border Collie-Hündin. Zumindest fast.“
„Wie alt ist die Hündin?“
„Ungefähr 8 bis 9 Jahre, genaueres ist nicht bekannt.“
Die nächste Frage brachte mich in Verlegenheit.
„Wo war der Hund bis jetzt versteuert?“
Eine typische Beamtenfrage. Gerd hatte die Hündin bestimmt nicht versteuert. Was sollte ich jetzt sagen? Mir viel der Rat eines alten Kriminalbeamten ein, den er mir während meiner Ausbildung gab:
„Vergiss nie, vor einem Gerichtstermin die Todesanzeigen in der Zeitung zu lesen. Du wirst sie vielleicht brauchen können.“
Vor einigen Tagen hatten wir einen unserer Clubsenioren beerdigt. Rudi hätte mir bestimmt den Missbrauch seines Namens verziehen.
„Der letzte Besitzer der Hündin hieß Rudi Müller aus Bergisch Gladbach. Aber den haben wir vor zwei Tagen beerdigt. Deshalb habe ich ja jetzt die Hündin.“
Der Beamte war zufriedengestellt. Sally bekam ihre Steuermarke.
Als ich auf der Weihnachtsfeier im Club die Geschichte erzählte, war das Gelächter groß. Niemand konnte sich Rudi mit einem Hund vorstellen.
Nur eins war geschehen: Sally hieß ab jetzt „Fräulein Müller“.

Am 23. Dezember stellte ich, wie jedes Jahr, den Weihnachtsbaum im Wohnzimmer auf. Den Baumständer, die Kugeln und die neuen LED-Kerzen hatte ich schon aus dem Keller geholt und bereitgelegt. Dann holte ich die Blautanne, die seit einer Woche auf der Terrasse gelegen hatte, ins Zimmer. Nur den unteren Kranz Zweige musste ich noch abschneiden,

unter dem Baum sollten ja auch noch einige Geschenke Platz haben.
Den Baum in dem alten Keramikständer einigermaßen senkrecht zu befestigen, war nicht leicht. Immer wieder sah er für mich zunächst gerade, von einem anderen Blickwinkel dann aber leicht schief aus; eine der drei Stellschrauben musste nachgezogen, die anderen beiden leicht gelockert werden.
Endlich war er einigermaßen gerade. Ich stellte den Hundewassernapf zur Seite und schob den Baum auf den vorgesehenen Platz. Geschmückt wurde der Baum traditionsgemäß am Vormittag des Heiligabends.
Am späten Nachmittag waren meine Frau und ich in der Küche. Meine Frau bereitete gerade den Kartoffelsalat für den Heiligabend vor und ich rührte den Teig für die Leberwurst-Hundekekse zusammen. Auch unser neuer Familienzuwachs, die Hündin Sally alias Fräulein Müller, sollte ja etwas am Heiligabend unter dem Tannenbaum als Geschenk finden.
Plötzlich riss uns ein ohrenbetäubend lauter Rums aus unserer Arbeit.
Wir stürmten sofort ins Wohnzimmer und fanden eine empört blickende Hündin auf der Wohnzimmercouch vor. Vor ihr auf dem Boden lag der Weihnachtsbaum, der im Fallen den auf dem Tisch liegenden Baumschmuck abgeräumt und unter sich begraben hatte.
Was war passiert? Ich kann nur versuchen, das Geschehen zu rekonstruieren:
Als die Hündin aus ihrem Mittagsschlaf erwachte, hatte sie Durst. Sie sprang von der Couch, um aus ihrem Napf zu trinken. Dieser stand aber nicht an seinem Platz – dort stand ja nun der Weihnachtsbaum. Sie suchte den Napf, auch unter dem Baum, fand ihn aber nicht. Immer tiefer bis ganz unter den Baum war sie gekrochen, bis die Tanne schließlich aus dem Gleichgewicht geriet und mitten ins Wohnzimmer fiel. Sally hatte sich erschreckt und war sofort wieder auf den ihr am sichersten scheinenden Platz, die Couch, gesprungen.
Ein befreundeter Grafiker schickte uns zwei Tage später eine Fotomontage – unsere Hündin vor dem umgestürzten Weihnachtsbaum mit der Überschrift:
„Ich war das nicht, dem Baum ist schlecht geworden!“

Als unsere Nachbarin die Geschichte hörte, meinte sie, wir hätten noch Glück gehabt. Ihr Rüde hätte sich riesig gefreut, endlich einen „Stammbaum“ im Wohnzimmer zu haben, und ihn auch sofort benutzt.

Der Schaden war nicht groß, aber ich erhielt von meiner Frau den Auftrag, den Tannenbaum hundesicher aufzustellen. Den ganzen Abend grübelte ich, wie ich dies bewerkstelligen könnte. Beim zweiten Glas Wein kam mir dann die zündende Idee. Ich würde den Baum gar nicht aufstellen, sondern....
Am nächsten Tag kam meine Frau ins Wohnzimmer. Sie erblickte den geschmückten Baum und meinte: „So gerade stand der Baum ja noch nie."
„Das liegt daran, dass der Baum nicht steht, sondern hängt!"
Erst jetzt sah sie den kleinen Haken, der in die Zimmerdecke geschraubt war und an dem an einer durchsichtigen Hechtangelschnur der Weihnachtsbaum hing. Der Baumständer, mit ein wenig Wasser gefüllt, schwebte ca. einen halben Zentimeter über dem Boden.
In den nächsten Jahren hatte sich diese Hängemethode als hunde-, katzen- und kleinkindersicher in unserem Freundeskreis etabliert.

Am Weihnachtsabend freute sich „Fräulein Sally Müller" riesig über die Tüte mit den Hundekeksen, die übrigens auch mir geschmeckt haben.

Hundekekse
Thunfisch

ZUTATEN

200 g Dinkelmehl

200 g grobkörnige Haferflocken

50 ml Sonnenblumenöl

125 ml Wasser

1 Ei

1 Dose Thunfisch in Wasser

1. Das Dinkelmehl, die Haferflocken, Sonnenblumenöl, Wasser, das Ei und den Thunfisch zu einem Teig verrühren und anschließend auf einem Backblech ausrollen.

2. Das Blech bei 175°C ca. 40 Minuten backen.

Hundekekse
Leberwurst

ZUTATEN

150 g Vollkornmehl

100 g kernige Haferflocken

Ca. 200 ml warmes Wasser

150 g Leberwurst

evtl. etwas geriebener Käse

1. Das Mehl, die Haferflocken und das Wasser verkneten, dabei das Wasser nach und nach zufügen, damit der Teig nicht zu dünnflüssig wird. Dann die Leberwurst und eventuell den Käse einkneten, anschließend den Teig auf einem Backblech ausrollen. Das Blech bei 175°C ca. 40 Minuten backen.

TIPP

Den Teig vor dem Backen mit einem Pizzaschneider oder Messer zu kleinen Stücken teilen, dann kann man die Bröckchen hinterher besser auseinander brechen.

4

Barbaratag

Es war die Nacht zum 4. Dezember. Über Nacht war Schnee gefallen. Die weiße Pracht lag zentimeterhoch im Garten und deckte alles zu. Auf der Terrasse, geschützt durch das Vordach, standen auf der Fensterbank vier Schuhe säuberlich aufgereiht. Zwei Jungenstiefel unterschiedlicher Größe standen blitzblank neben zwei zierlichen Mädchenschuhen, die nicht minder strahlten. Schlecht geputzte Schuhe verärgerten die heilige Barbara, deren Tag heute gefeiert wurde, und dies führte nach altem Brauch dazu, dass sich am nächsten Morgen in den Schulen nur ein Brikett, ein so genannter „Klütter“, befand. Marie hatte im Gegensatz zu ihren Brüdern Paul und Max zwei Schuhe aufgestellt. Sie begründete dies so: „Meine Schuhe sind viel kleiner als eure, da passen ja in einen die Barbarageschenke gar nicht hinein.“

Als morgens die Rollläden des Wohnzimmers hochgezogen wurden und sich die Terrassentür öffnete, stürmte als Erste die Border Collie-Hündin Leika in den Garten, dicht gefolgt von Marie, Max und Paul. Während Leika sich eher für den Schnee interessierte, hatten die Kinder nur Augen für die prallgefüllten Schuhe. Schnell wurden sie ins Wohnzimmer getragen. Dort erfreuten sich die Kinder an dem Anblick: Das Orange der Apfelsine wetteiferte mit der Goldfolie des Marzipanbrotes; verschiedene Nüsse und ein Beutel mit Dominosteinen sowie bunt eingepackte Mozartkugeln füllten die Zwischenräume. Als Krönung steckte in jedem Schuh der Zweig eines Kirschbaums. Zufrieden stellte Marie fest, dass in ihren beiden kleinen Lackschuhen genau das Gleiche war wie in den großen Boots ihrer beiden Geschwister: „Barbara ist

ihr bekommt auch ein Mädchen mit kleinen Füßen das Gleiche wie ihre Brüder. Außerdem kann sie fliegen."
„Wieso kann sie fliegen?", warf Max ein.
„Mensch, Max, hast du nicht den Schnee gesehen? Sie hat keine Spuren hinterlassen. Also muss sie fliegen können. Sonst könnte sie auch all die Termine nicht schaffen", entgegnete Marie, die im Sommer gerade in die Schule gekommen war.
Paul, mit 14 Jahren der älteste der Kinder, ließ seine Geschwister reden. Für ihn war die heilige Barbara nur eine Sagengestalt aus früherer Zeit, die Geschenke an die Kinder verteilte. Er wusste, dass seine Mutter nur das Fenster von innen öffnen musste, und schon konnte sie die Schuhe befüllen. Aber jetzt war es klüger, zu schweigen. Auch er mit seinen vierzehn Jahren, der sich zu Weihnachten einen Rasierapparat für seine siebeneinhalb Barthaare wünschen wollte, nahm die kleinen Geschenke aus den Schuhen am Barbaratag, dem 4. Dezember, gerne an.
Aus der Küche hörten die Kinder die Stimme ihrer Mutter Johanna: „Könnt ihr bitte Leika eine Tablette geben und den Frühstückstisch decken? Heute kommt Opa zum Frühstück."
Paul blickte auf – der Vormittag war gerettet! Wenn Opa da war, wurde es immer sehr lustig, auch wenn Johanna nicht immer den Humor ihres Vaters teilte. Als er damals mit dem zehnjährigen Paul dem Pudel von Tante Hilde eine neue Frisur „verpasste", die der ihrer Besitzerin erschreckend ähnlich sah, und ihm dann noch Hildes besten Seidenschal umband, wäre Johanna am liebsten im Erdboden versunken. Sonst hatten sich alle köstlich amüsiert – außer Tante Hilde vielleicht.
Marie entschied sich, ihren Brüdern das Tischdecken zu überlassen. Sie selbst wollte der Hündin ihre Medizin geben. So holte sie eins der Hähnchenfleischstücke, die zu diesem Zweck immer im Kühlschrank lagen, erwärmte es zehn Sekunden in der Mikrowelle und schnitt eine kleine Tasche hinein. Dort hinein steckte sie die kleine gelbe Tablette, die Leika seit einem halben Jahr zweimal am Tag nehmen musste. Als Marie ihr das Fleischstückchen vor die Nase hielt, drehte die Hündin desinteressiert den Kopf zur Seite. Erst als Marie offenbar selbst in das Fleisch beißen wollte, wurde Leikas Interesse geweckt; mit einem Happs fraß sie das Hähnchenfleisch und damit auch die Tablette.
In der Zwischenzeit hatten Paul und Max den Frühstückstisch gedeckt. Plötzlich bellte Leika

und kurz darauf klingelte es an der Haustür. Opa war da!

Beim Frühstück brachte Marie bald das Gespräch auf die heilige Barbara: „Opa, wer war eigentlich diese Barbara? Und warum feiern wir das so? Unsere Lehrerin in der Schule wusste das auch nicht so genau. Du weißt doch so was immer! Die Mama sagt, dass du das weißt, weil es dein Hobby ist.“
„Marieschen, do häss Räsch, isch kann üsch jet üvver dat Barbara verzälle. Un dat ess janz interessant. Se wor de Dochter vum Dioskuros us Nikomedia. Dat heiß hück Izmit un es en dr Türkei. Dat wor su öm et Johr 300, nohdem Jesus gebore wode wor. Dat Mäd wor esu schön, dat dr Vatter Dioskuros Angs hat, dat sisch die janze jong Mannslück en däm Städtsche in sing Dochter verluure künnte. Un hä wor schwer eifersüschtisch. Su hät hä ne Turm boe looße nur met Finstere janz bovven. Do hät hä sing Dochter enjesperrt. Dat Mädsche wor evver schlau. Et dät vell lesse, Breefe schrieve un e su liehrte se de chrestlische Relijon kenne. Et wullt sisch däufe looße, evver singe Vatter wor noch vun dä aal Zoot, für in jov et noch Zeus, Diana un all die Jötter vum Olymp. An dr Jesus däd hä nit jläuve. Un unger singem

Rejalt sullt dat och su blieve. Do hät dat Barbara, als dr Vatter ens nit do wor, noh nem Arz gescheck, weil et im nit jot jing. De Dienere han dann ne Arz jerofe. Dat wor evver jo keine Doktor, sondern dä Bischoff. Dä hät it dann klammheimlisch jedöf.
Als dä Vatter metkrät, dat si Döschtersche sisch hät döve looße, wullt hä et kapüngele. Et

kunnt evver zo ez avvhaue, et hät sisch enem Berschstolle verstoche. Evver die Lück vun ihrem Vatter han sie jefunge un in et Kaschot jestoche. En dem Kerker hät et ne drüje As vun Keschbom gefunge. En ihre Häng hät dä dann zo blöhe anjefange. Deshalb es se hück och die Patronin vun de Berschlück un an ihrem Daach steck mer Keschästjer en en Vas. Un ihr wesst jo, die blöhe dann am Chresdaach. An ihrem Daach, däm vierte Dezember han dann die Pänz, die em Berschboa gearbeit han, su en Aat Printe jekrät, et Barbarabrut. Später han dann alle Pänz jet jekrät.
Met däm Barbara es evver nit jot zo Eng jejange. Dä Vatter hät se maträteet un selvs op däm Maat jeköpp. Hä woot dann vun enem Bletz erschlare. Uns u woot dat Barbara als Märtyrerin eine vun dä veezehn Nuthelfer. Jo, su wor dat met däm Barbara.
Un jetz Marieschen, jevv mir ens die Levverwoosch, isch muss noch ze Eng fröhstöcke."
[*„Mariechen, da hast du Recht. Ich kann euch etwas über die Barbara erzählen. Das ist richtig interessant: Im Jahre 300 n. Chr. war sie die Tochter vom Dioskuros aus Nikomedia, das heute Izmit heißt und in der Türkei liegt. Das Mädchen war so schön, dass der Vater Angst hatte, dass sich alle Männer in seine Tochter verlieben könnten. Seine*

Eifersucht war so groß, dass er einen Turm bauen ließ, welcher nur ein kleines Fenster im oberen Teil besaß. Dort sperrte er Barbara ein.
Das schlaue Mädchen ließ sich nicht unterkriegen und las viel, schrieb Briefe und lernte die christliche Religion kennen. So wollte sie sich taufen lassen, doch ihr Vater war dagegen, da er die alten Götter verehrte. Da schickte eines Tages Barbara nach einem Arzt, weil es ihr nicht gut ging. Doch der Arzt, den der Diener rufen ließ, war ein Bischof. Dieser taufte das Mädchen. Als der Vater dies mitkriegte, wollte er seine Tochter bestrafen. Sie konnte aber abhauen und versteckte sich in einem Bergstollen. Doch die Bediensteten des Vaters fanden das Mädchen und steckten sie in einen Kerker. Hier fand Barbara den trockenen Ast eines Kirschbaums. In ihren Händen fing er dann an zu blühen.
Aufgrund dessen ist die heilige Barbara heute die Patronin der Bergleute. An ihrem Tag, dem 4. Dezember, steckt man Kirschzweige in ein Glas, damit die dann am Heiligen Abend blühen. Früher haben die Kinder, die im Bergbau gearbeitet haben, an diesem Tag so eine Art Printen geschenkt bekommen, das man Barbarabrot nennt. Später haben das dann alle Kinder bekommen. Mit der Barbara selbst ist es aber nicht gut zu Ende gegangen. Ihr eigener Vater hat sie auf dem Marktplatz geköpft! Als Strafe wurde er daraufhin vom Blitz erschlagen. So wurde die Barbara als Märtyrerin eine von 14 Nothelfern.
Los, Mariechen, gib mir jetzt mal bitte die Leberwurst. Ich muss noch zu Ende frühstücken.“]
„Opa, Leberwurst haben wir nicht mehr. Damit hat die Mama gestern Abend noch Kekse für Leika gebacken. Die muss doch auch Barbara feiern.“
„Dann nemm isch die Marmelad. Un noh däm Fröhstöck verzällen isch üsch bei nem Spazeerjang met däm Hungsmadämsche, wat isch für beinoh seckzisch Johr op enem Barbaradaach erläv han. Evver ez bruch isch de Botter.“
[*„Dann nehme ich Marmelade. Und nach dem Frühstück erzähle ich euch bei'nem Spaziergang mit dem Hund, was ich vor ungefähr 60 Jahren an einem Barbaratag erlebt habe. Aber zuerst brauch ich die Butter.“*]

Barbaratürmchen

1. Butter und Zucker miteinander schaumig rühren. Mehl, gemahlene Mandeln, Zitronensaft und Ei nacheinander einrühren und den Teig über Nacht kaltstellen.

2. Am nächsten Tag den Teig ausrollen und mit gleicher Form unterschiedlicher Größe Plätzchen ausstechen.

3. Alle Plätzchen bei 180°C ca. 6 Minuten backen.

4. Die ca. 5 Minuten abgekühlten Plätzchen mit Gelee bestreichen, übereinander schichten und dann 2 bis 3 Plätzchen, die jeweils von der Form nach oben hin kleiner werden, aneinander kleben.

5. Abschließend die Türmchen mit Puderzucker bestäuben.

ZUTATEN

220 g Butter

100 g feiner Zucker

20 g Mehl

100 g gemahlene Mandeln

Saft von ½ Zitrone

1 Ei

schwarzes Johannisbeergelee

Puderzucker, zum Bestäuben

5

Barbara 1954

Nach dem gemeinsamen Frühstück am Barbaratag machte Großvater zusammen mit Paul, Max und Marie sowie der Hündin Leika einen Ausflug im Schnee. Die Bürgersteige waren noch nicht vom Schnee geräumt und so setzten sich Max und Marie auf den Holzschlitten, den der Großvater zog – der ältere Paul fühlte sich dafür schon zu groß. Leika lief schnüffelnd voraus und freute sich über die weiße Pracht wie ein kleines Menschenkind: Sie biss in den Schnee, schüttelte wild den Kopf und wälzte sich trotz ihrer zwölf Jahre wie ein junger Hund. Paul versuchte, Leika zum Stöckchenspiel zu animieren, doch die Hündin fand den Schnee viel interessanter. Die beiden Kleineren feuerten den Großvater an: „Opa, schneller! Opa, lauf!" Und er gab sich wirklich Mühe.
Mittlerweile waren sie unten am Rhein hinter den beiden Fischteichen am Spielplatz angekommen. Im Sommer kamen sie oft hierher, um unter dem großen Holzpilz zu picknicken. Heute im Schnee war dies jedoch zu ungemütlich. Der Versuch, einen Schneemann zu bauen, schlug fehl, da die Schneedecke noch nicht dick genug war.

Als die Vier mit Leika nach Hause zurückkehrten, hatte Max schon wieder Hunger:
„Opa, du hast uns doch versprochen, heute Mittag für uns Kinder etwas Besonderes zu kochen. Was willst du denn machen?"
Und Marie fiel ein: „Ja, Opa, außerdem hast du uns beim Frühstück versprochen, uns noch eine Geschichte über das Barbarafest zu erzählen."
„Jo, ihr hat Räsch", antwortete der Großvater. „Versproche es versproche. Eztens, wat koche mer? Max, weiß du eijentlisch, wat Faastezigg

es? Dann kann isch dir och sare, worüm mir dat koche!“ [*„Ja, ihr habt Recht. Versprochen ist Versprochen. Erstens, was kochen wir? Max, weißt du eigentlich, was die Fastenzeit ist? Dann kann ich dir auch erzählen, warum wir das kochen.“*]
„Ja, Opa, das haben wir in der Schule im Religionsunterricht besprochen: Die Fastenzeit sind die 40 Tage vor Ostern, also von Aschermittwoch nach Karneval bis Ostern. Aber jetzt ist doch Adventszeit, was hat das damit zu tun?“
„Et jitt noch mieh Faastezigge! Un domit meine isch nit dä Ramadan vun mingem Fründ Ibrahim, dä es nämlisch Moslem. Näh, isch meine die Faastezigg für Weihnachte! Do jitt et och ein. Die woot früher, als isch noch ene Panz wor, och enjehalde. Dat woren die veezisch Daach vürm Chresfess. Dat fing noh Zint Mätes, am 11.11. an, deshalv es dat och ene Fastelovensdaach, un jing dann bes zum Hellije Ovend. Deshalb wot fröher op Hellisch Ovend och Jans oder Hering jejesse. Dat waren jo Fastespeise, weil Vüjel u Fesch durf mer en der Faastezigg esse. Dä Hellije Ovend wor noch Faastezick un die wor ez noh dr Chresmett zo Eng!“ [*„Es gibt noch mehr Fastenzeiten! Und damit meine ich nicht den Ramadan von meinem Freund Ibrahim, der ist nämlich Moslem. Nein, ich meine die Fastenzeit vor Weihnachten. Als ich noch ein Kind war, wurde die auch eingehalten. Das waren die 40 Tage vor Weihnachten: Die Fastenzeit dauerte von Sankt Martin, dem 11.11., bis einschließlich zum Heiligen Abend. Daher wurde früher an Heiligabend Gans oder Hering gegessen. Bei diesen Speisen handelt es sich um Fastenspeisen, denn Geflügel und Fisch durfte man in der Fastenzeit essen. Erst nach der Christmette war die Fastenzeit zu Ende!“*]
Paul hatte sein Smartphone aus der Hosentasche gezogen und den Kalender aufgerufen. Er zählt die Tage von St. Martin bis Weihnachten.
„Opa, da hast du dich aber vertan! Das sind nicht vierzig, sondern vierundvierzig Tage!“
Mit einem tiefen Brustton sagte er: „Paulchen,“ – Paul hasste es, wenn Opa dies so sagte – „do häss jet verjesse! Die Adventssondaare jehüre nit en die Faastezigg. Denn sons künnt mer jo all die leckere Saache, wie Printe, die us däm Barabrabrut entstande sin, oder Zimtstääne, die en der Adventszick an dä Stään vun Betlehem erinnere sulle, janit kimmele. Deshalv sen die usjenomme. Un wat es vierunveezisch winijer vier?“ [*„Paulchen, du hast etwas vergessen! Die Adventssonntage gehören nicht in die Fastenzeit. Denn sonst könnten wir ja all die leckeren Sachen wie Printen, die aus dem Barbarabrot entstanden sind, oder Zimtsterne, die in der Adventszeit an*

den Stern von Bethlehem erinnern sollen, gar nicht essen. Deshalb sind die ausgenommen. Und was ist vierundvierzig weniger vier?"]
„Dann stimmt das, Opa!", gab Paul zu. „Aber das mit den Sonntagen, das konnte ich nicht wissen, da ich ja von dieser Fastenzeit noch nie etwas gehört habe."
„Jedenfalls, wat isch hück koche will, dat es och e Faastejerisch! Dat es us aalem Brut, jet Eier un noch e paar Saache." [*„Jedenfalls, was ich heute kochen will, das ist auch ein Fastengericht! Das ist aus altem Brot, Eiern und noch ein paar Sachen."]*
Marie verzog das Gesicht. Sie dachte an altes trockenes Brot, Spiegeleier – die sie überhaupt nicht mochte – und Wasser statt leckerem Kakao zum Trinken.
Großvater sah ihren Gesichtsausdruck und erklärte sofort: „Marieschen, do bruchs kein Angs ze han. Isch han dat fröher jän jejesse, ding Mutter hät et jän jemoch un isch jlöve, wenn ihr et probeet hat, dat künnt e Lieblingsjerisch wäde! Waht ens aff. Dat Janze heiß üvrijens „Ärm Ritter". Ich maache üsch die jlisch. Evver ez muss isch üsch dazu noh jet verzälle: Et wor 1954. Mir wonnte domals en Ihrefeld. A Jroßdeil Hüser woren noch kapott, die sinn em Kreesch zerbomt woode. Mir hatte drei Zemmer im Hus vun minger Oma. Mer ware nit ärm, evver hatte och nit vill. Evver die Andere hatte jo och nit mieh. Mer kunnte sojar av un ahn, wenn dä Filmmann kom, uns ene Film anluure. Dä Filmmann, dä kom su einmol im Mond. Dann baute der in Ihrefeld op dem Neptunplatz, wo domols noch et Schwimmbad wor, sing Zelt op, wo Bänk drin stunde. Ovends wood en dem Zeit Filme für die Erwachsene jezeischt, nommedaachs Filme für uns Pänz. Dat hät domols fünnef Jrosche jekoss. Dat Jrößte ävver wor, wam mer sisch ovends vun hinge an et Zelt jeschlesche hät un dann dursch ene Ritz dä Ovendfilm luure kunnt. Minge Lieblingsfilm wor „Robin Hood un sing Trabante". Dä han isch met mingen Fründ, däm Wickes, jeluurt. Mer wore hin un weg. Robin Hood, emmer em jrööne Wöbsche, hät met singe Fründe die rische Lück bestolle un et Jeld dänne Ärme jejovve.
Un dat wor für uns ene Heldetat! Ihr mööt wisse, bei uns in der Stroß jov et die Neuhoffs, dat woren su neurische Knöpp! Dat wor die einzije Familisch, die nit nur e Auto, sondern och e eije Telefon hatte. Un dä Wilhelm-Alexander, dä Sonn vun denne, wor bei uns en dr Schull. Do hamer dann em Sommer die Ädbeere stibitzt un ha die in enem Kürvje dä Frau Schall, ner

Kreschswitwe, an et Finster gestallt.
Un dann stund Barbara für dr Dür. Dä Wilhelm-Alexander – wehe, wenn den einer Willi jenannt hätt! – tönte en dr Schull: ‚Ich werde meine Reitstiefel rausstellen. Da passt wenigstens etwas hinein. Aber bei uns gibt es nur guten Marzipan und Schokoladenpasteten. Mein Vater hat die extra aus Bad Reichenhall von Reber mitgebracht. Aber ihr kennt die ja höchstens aus dem Schaufenster.'
Hä hat jo Räsch, mir hatte su jet nur ens em Kaufhoff en dr Feinkosabteilung jesinn. Evver dat hat dä „Willi Neureisch" nit ömesöns jesaach! Robin Hood wööt et Barbara diesmol ungerstütze!
Am 4. Dezember soße mer schon janz fröh murjens hinger dem Jadehüsje vun dä Neuhoffs. Ez kom die Frau Neuhoff. Se holte die Stivvele en et Hus. Noh zehn Minutte kom se widder und stellte die jefüllte Stivvele widder hin. Dann jing se widder erin. Mir tireck zu dä Stivvele! Die bunte Pastetscher un die Mozartkurele erus, un zwei Klütter erin. Dann sin mer dursch die Jäde un han en all die Schohn, die do stunte, jät erin jestopp.
Leider han mir nit die Jeseschter vum Wilhelm-Alexander und dä andere Beschenkte jesinn. Isch hätt jet dröm jejevve!
So Kinder, jetz maache isch üsch die „Ärm Ritter". [*„Mariechen, du brauchst keine Angst zu haben. Ich hab das früher gern gegessen, deine Mutter hat das gern gemocht und ich glaube, wenn ihr das probiert habt, dann könnte das euer Lieblingsgericht werden! Warte mal ab! Das ganze heißt übrigens „Arme Ritter". Die mache ich euch gleich. Aber zuerst muss ich euch noch was dazu erzählen:*
Es war 1954. Wir wohnten damals in Ehrenfeld. Ein Großteil der Häuser war noch kaputt, da die im Krieg zerbombt worden waren. Wir hatten drei Zimmer im Haus von meiner Oma. Wir waren nicht arm, aber hatten auch nicht viel. Aber die anderen hatten ja auch nicht mehr. Wir konnten sogar ab und an, wenn der Filmmann kam, uns einen Film ansehen. Der Filmmann kam einmal

im Monat. Da baute der in Ehrenfeld auf dem Neptunplatz, wo damals noch das Schwimmbad war, sein Zelt auf. Darin standen sogar Bänke. Abends wurden Filme für Erwachsene gezeigt, nachmittags für uns Kinder. Das hat damals fünf Groschen gekostet. Das Größte aber war, wenn man sich abends von hinten an das Zelt geschlichen hat und dann durch eine Ritze die Abendfilme schauen konnte. Mein Lieblingsfilm war „Robin Hood und seine tollkühnen Gesellen“. Den hab ich mit meinem Freund, dem Wickes, gesehen. Wir waren hin und weg. Robin Hood, immer im grünen Jäckchen, hat mit seinen Freunden die reichen Leute bestohlen und das Geld den Armen gegeben.

Das war für uns eine Heldentat! Ihr müsst wissen, bei uns in der Straße gab es die Neuhoffs, das waren so neureiche Knilche! Das war die einzige Familie, die nicht nur ein Auto sondern auch ein Telefon hatte. Ihr Sohn, der Wilhelm-Alexander, war bei uns in der Schule. Denen haben wir im Sommer die Erdbeeren stibitzt und in einem Körbchen der Frau Schall, einer Kriegswitwe, ans Fenster gestellt.

Dann stand Barbara vor der Tür. Der Wilhelm-Alexander – wehe, wenn einer ihn Willi genannt hat! – tönte in der Schule: „Ich werde meine Reitstiefel rausstellen. Da passt wenigstens etwas hinein. Aber bei uns gibt es nur guten Marzipan und Schokoladenpasteten. Mein Vater hat die extra aus Bad Reichenhall von Reber mitgebracht. Aber ihr kennt die ja höchstens aus dem Schaufenster.’

Er hatte ja Recht. Wir hatten so was nur im Kaufhof in der Feinkostabteilung gesehen. Aber das hat der „Willi Neureich“ nicht umsonst gesagt! Robin Hood würde die Barbara diesmal unterstützen!

Am 4. Dezember saßen wir schon ganz früh morgens hinter dem Gartenhäuschen der Neuhoffs. Erst kam die Frau Neuhoff. Sie holte die Stiefel ins Haus. Nach zehn Minuten kam sie wieder und stellte die gefüllten Stiefel wieder hin. Dann ging sie rein. Wir schlichen zu den Stiefeln! Wir fischten all die Pastetchen und Mozartkugeln heraus und steckten zwei Briketts rein. Dann sind wir durch die Gärten gegangen und haben in all die Schuhe, die dort standen, etwas hineingestopft. Leider haben wir nicht die Gesichter vom Wilhelm-Alexander und den anderen Beschenkten gesehen. Ich hätte alles dafür getan!

So, Kinder, jetzt mache ich euch die Armen Ritter.“]

Arme Ritter

1. Die Milchbrötchen in Scheiben schneiden oder die Weißbrotscheiben halbieren. Die Eier trennen, dabei das Eiweiß, sowie das Eigelb aufbewahren.

2. Das Eigelb, Zucker und die geriebene Zitronenschale mit der Milch aufschlagen und die Brot- oder Brötchenscheiben darin einweichen.

3. Anschließend die Scheiben vorsichtig herausnehmen und etwas ausdrücken. In Eiweiß und Semmelbröseln panieren und in heißem Butterschmalz in der Pfanne auf beiden Seiten goldbraun backen. Dann in der Zucker-Zimt-Mischung wenden.

ZUTATEN

6 Scheiben Weißbrot oder Milchbrötchen (altbacken)

2 Eier

50 g Zucker

abgeriebene Zitronenschale

½ l Milch

Semmelbrösel

Butterschmalz

Zucker und Zimt

TIPP

Dazu passt Apfel- oder Pflaumenkompott.

Der Nikolaus auf dem Rhein

Michael Müller war seit über 20 Jahren Feuerwehrmann mit Leib und Seele. Er liebte seine Arbeit und vor allem sein Einsatzfahrzeug – das Feuerlöschboot der Kölner Berufsfeuerwehr. Als katholischer Diakon unterstützte er zudem bei Bedarf den Schifferseelsorger, der seinen Sitz in Duisburg hatte.
So fuhr er an diesem Nachmittag des 5. Dezembers besonders gerne zum Dienst, denn heute hatte er vor, die am Kölner Ufer liegenden Binnenschiffe aufzusuchen. Auf der Wache angekommen öffnete er den Koffer, der schon seit drei Tagen im Schreibraum stand. Er betrachtete seine heutige „Uniform“: eine weiße Albe mit einem roten Zingulum mit Quasten, ein roter Rauchmantel mit goldroter Kappa, eine Mitra, den zerlegbaren goldenen Bischofsstab und weiße Handschuhe.
Das Goldene Buch lag auf dem Schreibtisch. Schon gestern hatte er die ausgedruckten E-Mails, die die Schiffer ihm in den letzten Tagen geschickt hatten, sorgfältig in der Reihenfolge der Liegeplätze abgeheftet. Dort waren die guten und die schlechten Taten der Schifferskinder verzeichnet, die Michael an diesem Abend als Heiliger Nikolaus besuchte. Wenn er die weiße Perücke und den weißen langen Bart trug, hätte ihn seine Frau nur noch an seinem Seemannsgang erkannt.
Jürgen, der für Michael in diesem Jahr den Hans Muff abgab, stand am Waschbecken vor dem Spiegel und schminkte sich das Gesicht schwarz. Er trug seinen schwarzen Arbeitsoverall und eine dicke rostige Kette als Gürtel, die bei jeder Bewegung klirrte. Eine schwarze Perücke bildete den „krönenden“ Abschluss

seines Kostüms. Der große Jutesack mit den kleinen Geschenken, die der Nikolaus heute verteilen würde, stand neben der Tür.
Als die beiden sich fertig gemacht hatten, gingen sie hinüber zum rot-weißen Löschboot, das die übrigen Besatzungsmitglieder schon klargemacht hatten.
Das erste Schiff, welches Michael und Jürgen ansteuerten, war die „Dapper Meisje" aus Rotterdam. Sie hatte Schrott geladen und fuhr nach Duisburg. An Bord waren laut E-Mail der Schiffsführer Per de Buur, seine Frau Hanne, der Matrose Hinrich und die sechsjährige Linda, die an diesem Abend die Hauptperson war. In der Mail stand geschrieben: „Das Geschenk für Linda liegt direkt am Abgang zur Wohnung. Es ist ein Tablet-PC." Linda war zwar erst sechs, konnte ein Tablet aber gut gebrauchen – von der Ferienzeit abgesehen, lebte sie fernab ihrer Eltern bei ihrer Großmutter in einem kleinen Ort bei Rotterdam. Hier ging sie auch zur Schule.
Das Tablet hatte sich Linda von Sinterklaas, wie der Nikolaus in Holland genannt wird, gewünscht. Alle holländischen Kinder wissen, dass Sinterklaas ihnen die Geschenke zum Nikolaustag bringt. Er lebt das ganze Jahr über in Spanien – wo genau, weiß keiner – und notiert sich gewissenhaft, was die Kinder das ganze Jahr über machen. Sein Knecht, der Zwarte Piet, den die Kölner Hans Muff nennen, besorgt in der Zeit die Geschenke, die dann am Vorabend des Nikolaustages, wenn die beiden mit dem Dampfer zu den holländischen Kindern kommen, verteilt werden.
Michael und Jürgen gingen an Bord der „Dapper Meisje". Wie vereinbart fanden sie das Geschenk für Linda, das Jürgen in seinen Sack steckte. Aus der Wohnung strömte den beiden der Duft von Kakao, Tee und frisch gebackenen Plätzchen entgegen.
Jürgen klopfte an die Wohnzimmertür und rasselte dabei mit seiner Kette. Dann trat er zur Seite, um Michael, dem Nikolaus, den Vortritt zu lassen. Nach der Begrüßung folgte, so wollte es der Brauch, das Nikolauslied. Die klare Stimme von Hanna und die noch etwas unsichere Mädchenstimme von Linda wurden wie bei einer Drehleier von dem Bordunbass von Jürgen, der kaum den Ton änderte, unterlegt. Sie sangen eines der ältesten holländischen Nikolauslieder:

Zie ginds komt de stoomboot
uit Spanje weer aan.
Hij brengt ons Sint Nicolaas
ik zie hem al staan.

Hoe huppelt zijn paardje
het dek op en neer,
hoe waaien de wimpels
al heen en al weer.

Zijn knecht staat te lachen
en roept ons reeds toe:
Wie zoet is krijgt lekkers;
wie stout is de roe!
Oh, lieve Sint Nicolaas
kom ook eens bij mij
en rijd toch niet stilletjes
ons huisje voorbij!

Übersetzung Dr. Peter Broers:

Sieh dort kommt das Dampfschiff
aus Spanien wieder an.
Es bringt uns Sankt Nikolaus
ich seh' ihn schon steh'n.
Wie trippelt sein Pferd
an Deck hin und her.
Wie wehen die Fähnlein
mal hin und mal her.

Sein Knecht ist am Lachen
und ruft uns bereits zu
Wer lieb ist kriegt Leckeres
wer frech ist die Rute!
Oh, lieber Sankt Nikolaus
komm auch zu mir
und reite nicht leise
an unserem Häuschen vorbei!

Nach dem Lied wurden Lindas gute und schlechte Taten aus der Mail der Eltern im Goldenen Buch vorgelesen und anschließend das Geschenk überreicht. Nach dem Schiffssegen verabschiedeten sich der Nikolaus und sein Knecht.

Das nächste Schiff war die „Rheinperle“. Sie

gehörte Heinz Röschen, einem Partikular aus Unkel. Heinz und seine Gattin Bärbel freuten sich jedes Jahr auf den Besuch des Nikolaus und versuchten es stets so einzurichten, dass sie am 5. Dezember auf dem Rhein vor Köln lagen. Zwar waren ihre Kinder schon längst erwachsen, aber auf den Schiffssegen und die gemeinsame Tasse Kaffee mit dem Nikolaus und dem Hans Muff wollten Heinz und Bärbel auch ohne sie nicht verzichten.

Michael und Jürgen hatten ihre geplante Besuchstour schon fast beendet und betraten das vorletzte Schiff, als ihnen von unten aus der Wohnung eine männliche Stimme entgegenrief: „Gut, dass sie da sind. Wird Zeit, dass sie kommen, die Wehen kommen schon alle drei Minuten!"
Michael schaute Jürgen an. Sie verstanden sich ohne Worte. Jürgen ließ den Sack fallen und sprang rüber zum Löschboot, während Michael die Treppe in die Schiffswohnung hinunterlief. Der werdende Vater konnte es kaum fassen, als der Nikolaus in das Schlafzimmer stürmte, sein Ornat in die Ecke schmiss und kurz darauf Hans Muff mit dem Einsatzrucksack und einer Alukiste hinterherkam.
Als der Notarzt und der Rettungswagen der Feuerwache das im Schatten der Rodenkirchener Brücke liegende Binnenschiff endlich gefunden hatten, war das kleine 3,4 kg schwere Mädchen schon auf der Welt. Der Arzt brauchte nur noch die Nachversorgung zu machen.

Die Taufe im Frühjahr fand in der Kölner Schifferkirche Sankt Maria Lyskirchen statt. Diakon Michael Müller hatte Tränen in den Augen, als er zu seinem Patenkind die Worte sprach:
„Ich taufe dich im Namen des Vaters und des Sohnes und des Heiligen Geistes auf den Namen Nikola. Der Herr spricht: Ich habe dich bei deinem Namen gerufen, du bist mein."

Wie sollte ein Mädchen, welches am Nikolausabend unter Hilfe des Nikolaus geboren wurde, auch sonst heißen?

Brathering

1. Heringe abwaschen und trocken tupfen. Mit dem Saft der Zitrone beträufeln. Mit Salz und Pfeffer würzen und in Mehl wälzen.

2. Heringe von beiden Seiten goldbraun in Öl braten. Abkühlen lassen. Währenddessen die Zwiebeln in Scheiben schneiden.

3. Heringe in eine große Schüssel mit Deckel legen.

4. Mischung aus Zwiebelscheiben, Essig, Wasser, Lorbeerblättern, Senfkörnern, Pfefferkörnern, Zucker, Salz und Piment aufkochen, Topf vom Herd nehmen. Abkühlen lassen.

5. Heringe mit dem Zwiebel-Gewürzsüd übergießen, Deckel aufsetzen und im Kühlschrank mindestens 2 Tage ziehen lassen.

ZUTATEN

für 6 Portionen

6 grüne Heringe, küchenfertig
Zitronensaft von ½ Zitrone
Salz, Pfeffer
70 g Mehl
1 Tasse Öl zum Braten
3 große Zwiebeln
500 ml Weißweinessig
500 ml Wasser
2 Lorbeerblätter
1 EL Senfkörner
1 TL schwarze Pfefferkörner
2 EL Zucker
1 TL Salz
½ TL Piment

7

Der Haftbefehl

Es begab sich zu der Zeit, als die Kölner Unterwelt noch durch Typen wie Dummse Tünn und Schäfers Nas geprägt wurde.
Die Struktur der Kölner Kriminalpolizei war übersichtlich und jeder kannte jeden. Für den Kriminaldirektor Martin, auch „Der General" genannt, stellte die Abteilung der Fahndung eine schnelle Eingreiftruppe zur Unterstützung der verschiedenen Dienststellen dar; er verlangte von den Beamten eine ständige Einsatzbereitschaft ohne Rücksicht auf Wochenende oder Freizeit. Dafür genossen seine Männer auch viele Freiheiten.
Meist befasste sich die Fahndung mit den „schweren Jungs" von Köln und ihrer Festnahme.
Am 20. Dezember lag morgens im Postfach des Fahndungskommandos „D" ein ungewöhnlicher Haftbefehl im Aktenkörbchen. Beim Lesen der Eingänge stellte Oberkommissar Jürgen Kratz fest, dass dieser Haftbefehl eigentlich nicht in ihre Zuständigkeit viel.
Er las: „Gegen die Beschuldigte Martha Lotsch wird folgender Haftbefehl erlassen. Sie ist festzunehmen, da sie auf Vorladung als Beschuldigte zum Gerichtstermin wegen Diebstahls einer Tafel Schokolade nicht erschienen ist. Sie ist dem Amtsgericht Köln vorzuführen."
Als er das Geburtsdatum sah, musste er kurz rechnen. Diese „gemeingefährliche Verbrecherin", die es gewagt hatte, eine ganze Tafel Schokolade zu stehlen, war 1894 geboren und damit jetzt 86 Jahre alt. Kein Wunder, dass sie nicht zum Gerichtstermin erschienen war.
„Peter, den Haftbefehl geben wir nicht zurück. Das klären wir auf unsere Art. Du bist da genau der Richtige", sprach er seinen gegenübersitzenden Kollegen an, der sich zur Zeit noch mit einem Käsebrötchen und einer Tasse Kaffee beschäftigte.

So fuhren Jürgen und Peter an diesem Morgen als Erstes nach Köln-Ehrenfeld in die Piusstraße zur Wohnanschrift von Martha Lotsch. Das Wohnhaus war noch älter als die Bewohnerin und hätte dringend eine Renovierung, eher noch eine Sanierung, benötigt. Hier wohnten keine reichen Leute.

Martha Lotschs Wohnung befand sich in der vierten Etage. Die Haustür war nur angelehnt. Im alten Treppenhaus war es steil und dunkel. Die Holzstufen knarrten und es roch penetrant nach Kohl. Auf dem vergilbten Klingelschild neben der Tür stand: „Johann Lotsch, Kommissionär". Peter klingelte. Die alte Klingel war im gesamten Treppenhaus zu hören. Schlurfende Schritte näherten sich der Wohnungstür. Die Tür wurde einen Spalt breit geöffnet. Eine Sicherheitskette spannte sich.

„Jo, wat kann isch für üsch dunn?" [*„Ja, was kann ich für Sie tun?"*] Im Türspalt wurde eine zierliche alte Frau sichtbar. Die weißen Haare bildeten im Nacken einen Dutt. Die schwarze Strickjacke, die sie unter der offenen Kittelschürze trug, hatte auch schon bessere Tage gesehen.

Peter stellte sich vor: „Wir kommen von der Polizei. Wir müssen mit Ihnen sprechen."

Gleichzeitig zeigte er seinen Dienstausweis vor. Er sah, dass die alte Dame Angst hatte. Als sie die Tür öffnete, zitterte ihre Hand.
„Kummen se erin. Mer künne in der Kösch metenander spresche. Wat es dann loss?" [*„Kommen Sie herein. Wir können in der Küche miteinander sprechen. Was ist denn los?"*]
Die Polizisten setzten sich und Peter versuchte, Frau Lotsch schonend zu erklären, dass sie, nachdem sie bereits einen Termin versäumt hatte, nun zum Gericht kommen müsste.
Martha Lotsch, die Vertrauen zu den beiden Beamten fasste, fing an zu erzählen: „Für zwei Mond, als die ezte Weihnaatssache en de Jeschäfte kome, wor isch em Aldi. Dozo muss isch sare, minge sellije Johann, dä es schon sigg 22 Johr dot, wor Kommissionär. Isch jläuve, hück säht mr dozo Handelsvertreter. Et hätt immer zom Levve jereisch. Doch dann sturv hä. Unsere Sonn wor fünnefunvezisch nit us Russland zorückjekumme. Un so wor isch allein. Isch ben immer noch putze jejange, han ävver nie jekläv. Su bekom isch nur die kleene Witwenrente vun mingem Johann. Sulang isch jeputz han, jing dat jo noch. Evver sigg isch dann dat nit mieh kunnt, wor et Jeld immer knapp. Sigg Joore han isch kein Schokolad mieh jejesse. Un dann em Aldi, do han isch mir en Tafel Schokolad jenomme, se opjemaat und tireck erenjebesse. Die han doch suvill dovun un et deit doch keinem wieh. Ävver dat hat einer jesinn! Et stemp, isch han jestulle. Zom Jerisch kunnt isch doch nit jon, isch will doch nit en et Kaschott." [*„Vor zwei Monaten, als die ersten Weihnachtssachen in die Geschäfte gekommen sind – es wird ja jedes Jahr früher – war ich im Aldi. Dazu muss ich sagen, mein seliger Johann, der schon seit 22 Jahren tot ist, war Kommissionär. Ich glaube, heute sagt man dazu Handelsvertreter. Es hat immer zum Leben gereicht. Doch dann starb er. Unser Sohn war 1955 nicht aus Russland zurückgekehrt. Und so war ich allein. Ich bin immer noch putzen gegangen, hab mich aber nie beschwert. So bekomme ich nur die kleine Witwenrente von meinem Johann. Solang ich geputzt habe, ging das ja noch. Aber seitdem ich das nicht mehr konnte, war das Geld immer knapp. Seit Jahren hab ich keine Schokolade mehr gegessen. Und dann war ich im Aldi: Die haben doch soviel davon und es tut doch keinem weh. Da hab ich mir eine Tafel Schokolade genommen, aufgemacht und direkt hineingebissen. Das hat einer gesehen. Er schrie, ich hätte gestohlen. Zum Gericht konnte ich doch nicht gehen, ich will doch nicht ins Gefängnis."*]
Die Beamten waren nun leicht ratlos. Dieser

Frau konnte man doch nicht einfach einen Haftbefehl vorhalten und sie dann im Polizeipräsidium bis zum nächsten Morgen in die Zelle sperren!
Peter verfiel nun auch ins vertraute Kölsch: „Frau Lotsch, se mösse evver zom Jeresch. Mir maache dat esu: Domet se murje nit met dr Tram fahre müsse, hole mer se um nüng Uhr he af. Mr fahre se dan zom Jeresch un jon och met. Dann sin se nit allein. Un mer kumme extra met enem besonders schicke Auto. Mat üsch murje parat, öm nüng sin mer he." [*„Frau Lotsch, Sie müssen aber zum Gericht. Wir machen das so. Damit sie morgen nicht mit der Tram fahren müssen, holen wir sie um neun Uhr hier ab. Wir fahren sie dann zum Gericht und gehen auch mit hinein. Dann sind sie nicht allein. Und wir kommen extra mit einem besonders schicken Auto. Machen Sie sich morgen fertig, um neun Uhr sind wir da."*]
Am nächsten Morgen standen Jürgen und Peter vor der Haustür in der Piusstraße. Auf der Fahrt zum Amtsgericht erzählte Frau Lotsch die ganze Zeit, wie viel Angst sie hatte.
Der humorlose Richter im Amtsgericht hatte keinerlei Verständnis und verurteilte die „Diebin" zu einer Geldbuße von 50 DM. Jürgen riskierte noch eine Ordnungsstrafe wegen Missachtung des Gerichts, als er wütend vor dem Verlassen des Gerichtssaals dem Richter einen Fünfzigmarkschein auf den Tisch knallte.
Am nächsten Tag fuhren die beiden Beamten noch einmal in die Piusstraße. Sie hatten die Geschichte bei der Dienstbesprechung erzählt und die Kollegen sofort davon überzeugt, Frau Lotsch für die Weihnachtstage aus der Kaffeekasse einen Korb mit Leckereien zu spendieren. Noch vor Neujahr revanchierte sich Martha Lotsch mit einem Päckchen selbstgebackener Plätzchen.

Als die beiden Fahnder in der Karwoche ein Osterkörbchen in die Piusstraße bringen wollten, war das Namensschild an der Tür im vierten Stock verschwunden.
Die Nachbarin klärte sie auf: Martha Lotsch war am 16. Januar verstorben.

Braune Plätzchen nach Martha Lotsch

1. Alle Zutaten nacheinander miteinander verrühren und den Teig über Nacht kaltstellen.

2. Am nächsten Tag den Teig ausrollen und mit Plätzchenformen Plätzchen ausstechen.

3. Die Plätzchen mit Rosenwasser einpinseln und wie kleine Lebkuchen mit Mandeln belegen.

4. Im Backofen bei 180°C Ober-/Unterhitze etwa 6 Minuten backen. Die Plätzchen nicht zu dunkel werden lassen, sonst werden sie bitter!

5. Gerade liegend abkühlen lassen.

ZUTATEN

für ca. 1200 g Plätzchen

500 g Mehl

160 g weiche Butter

160 g feiner Zucker

500 g Rübensirup

1 geh. TL Natron

abgeriebene Schale einer Bio-Zitrone

2 Prisen Lebkuchengewürz oder je 1 Prise Zimt, Nelken, Kardamon

Für den Belag:
Rosenwasser

gestiftelte Mandeln

8

Wurzeln

Leise knirschte der frisch gefallene Schnee unter seinen Schuhsohlen, als Anton von seinem Parkplatz zum Brauhaus ging. Er hatte seine Mercedes S-Klasse in der Tiefgarage unter der Kanzlei geparkt, nur 200 Meter von seinem Lieblingsbrauhaus entfernt. Meist pflegte er auch in der Mittagspause dort zu essen. Aber heute Abend war er zum Adventsessen in der Ratsstube des Brauhauses verabredet. Hier konnte man etwas abseits vom Trubel des großen Gastraums in Ruhe gemeinsam essen und sich unterhalten.

Seit 28 Jahren ging er am Montag nach dem zweiten Advent zu dieser Feier. Vor 28 Jahren war er Partner in der renommierten Kölner Notarkanzlei CCAA geworden. Damals hatte ihn sein Seniorchef Cornelius Conrad zur Adventsfeier des Notarstammtisches mitgenommen und ihn zur Überraschung aller, auch zu seiner, als neuen Partner der Kanzlei vorgestellt.

„Joden Ovend, Här Doktor. E paar vun dä ander Häre setzen schon hinge em Ratsseparee. Jonn se ruisch dursch, se kenne sisch jo he us wie doheim. Frisch Kölsch kütt en ner Minut. Dä Zappes hat schon ne janze Kranz för üsch in Arbeet“, begrüßte ihn der Geschäftsführer, der gerade im Beichtstuhl eine Tischbestellung ins Reservierungsbuch eintrug.

[*„Guten Abend, Herr Doktor. Ein paar von den anderen Herren sitzen schon hinten im Ratsseparee. Gehen Sie ruhig schon durch, Sie kennen sich hier ja aus wie bei Ihnen daheim. Ein frisches Kölsch kommt in einer Minute. Der Kellner hat schon einen ganzen Kranz für euch in Arbeit.“*]

„Danke, Mattes, üsch och en ne jode Ovend“, verfiel Doktor Anton Schneider sofort ins Kölsche, was er immer tat, wenn er in dieser Sprache angesprochen wurde. [*„Danke, Mattes, Ihnen auch noch einen guten Abend.“*] Er stand dazu, dass er in der Kölner Altstadt aufgewach-

sen war und seine Heimatstadt liebte.
Als sich die Tür zur Ratsstube öffnete, schallte ihm fröhliches Gelächter entgegen. Claus Conrad, wie er Partner bei CCAA, Sohn des Seniors und aus dem gleichen Examenssemester wie Anton Schneider, erzählte gerade seine Erlebnisse mit seiner fünfjährigen Enkeltochter Fiona, die er mit zum Einführungsgottesdienst des neuen Kölner Erzbischofs Kardinal Rainer Maria Woelki genommen hatte.
Nach und nach füllten sich die Stühle um den großen quadratischen Tisch. Der Köbes stellte immer wieder ungefragt ein volles Glas auf den Bierdeckel, wenn eins leer war. Pünktlich um halb neun wurde das Abendessen aufgetragen. Über das Menü brauchte nicht lange diskutiert zu werden: Seit der Gründung des Stammtisches vor über 40 Jahren gehörte zum Adventsessen eine klare Rindfleischsuppe mit Einlage, rheinischer Sauerbraten mit Klößen und Rotkohl und zum Nachtisch ein Bratapfel. Keiner der Anwesenden wäre je auf die Idee gekommen, etwas daran zu ändern. Tradition war eben Tradition.
Viele an diesem Stammtisch sprachen den lokalen Dialekt. Mittlerweile wurde Kölsch eben auch als Mundart, nicht nur als Getränk, wieder mehr gepflegt. Aber besagtes Getränk forderte auch seinen Tribut: Nach einigen

Gläsern Kölsch mussten die ersten die Ratsstube verlassen, „öm ens op et Höfje ze jon“ – obwohl sich die Toiletten heute natürlich nicht mehr wie vor 100 Jahren auf dem Hof, sondern im Untergeschoss des Brauhauses befanden. Hier waltete und schaltete Maria Zündorf ihres Amtes. Sie war zuständig für die Sauberkeit ihres „Keramikpalastes“, wie sie es nannte, hatte immer Nadel und Faden für einen losen Knopf oder auch ein Fleckenmittel für Gulaschsauce auf der Krawatte parat. Man hätte sie als Klofrau bezeichnen können, doch war sie gleichzeitig universelle Servicekraft, Ratgeberin in Lebensfragen oder auch einfach geduldige Zuhörerin eines bezechten Gastes. Im Gang vor den Toiletten stand ihr kleiner Tisch mit zwei Stühlen und einem kleinen Teller, auf dem sie mittig eine Fünfzig Cent-Münze aufgeklebt hatte. Diese signalisierte jedem vorübergehenden Toilettenbesucher die Höhe des erwarteten Obolus. Maria hatte notgedrungen zum Sekundenkleber greifen müssen, nachdem ihre Gäste des Öfteren die dort liegende Münze einfach mitgenommen hatten, anstatt eine neue dort zu hinterlassen.

Auch Anton Schneider spürte ein menschliches Bedürfnis, stand auf und drückte sich hinter den munter plaudernden Berufskollegen vorbei zur Tür. Sein Tischnachbar Martin Bendorf nutzte die Gelegenheit und folgte ihm. Als sie die Herrentoilette wieder verließen, legte Martin Bendorf seine Münze auf den Teller. Zurückblickend sah er, wie sein Freund Anton Maria Zündorf sehr freundschaftlich begrüßte und ihr einen Geldschein zusteckte. Oben an der Treppe angekommen, sprach er ihn darauf an: „Tünn, häss do zuviel em lätzte Mond enjenomme, oder häss do ne Fissternüll met däm Klomamsell?“ [*„Anton, hast du zuviel verdient im letzten Monat oder hast du mit der Klodame eine Affäre?“*]
Der sogenannte „Tünn“ antwortete: „Mätes, dat jeht disch jo nix ahn, evver isch will dir dat expliziere. Kumme ens kot op e Kölsch met an die Thek zum Zappes.“ [*„Martin, das geht dich doch nichts an. Aber ich will dir das trotzdem erklären. Komm kurz mit auf ein Kölsch an die Theke.“*]
Als beide das frisch gezapfte Kölsch vor sich stehen hatten, fing Anton an zu erzählen:
„In de Fuffziger Johre stund jeden Morjen noch ene Jemöse- un Obbskarre unger dä Eijelsteinspooz. Dat Jeschäff jing jot, och wenn dä Pitter, dä Händler, jeden Morje öm 4 Uhr noh dr Maathall moot, öm öm 6 unger dr Pooz ze sinn, wenn de ezte Kundschaff kom. Dr Pitter, dä met singer Frau, däm Kätt, em UKB wonte, hatte ne Son. Weil dä et drop hat, kom dä met zehn Johr op de Schull, däm Hansagymnasium. Domols jov et noch Schulljeld, die Böscher moote bezahlt wäde un su mott et Kätt Jeld dozu verdehne. Die Stell wor jot. Se jing öm fünnef Uhr nommedaachs us däm Hus und wor ön 11 Uhr Ovend widder doheim. Et Kätt wod Klomamsell he em Bräues. Dä Pitter war nommedaachs doheim un esu wor dä Klein nie

allein. Un em UKB kannt jeder jeden – wenn et ens hatt op hatt kom, woren de Nobers och noch do. Su maat dä Son Abitur un dät studeere. Un et Kätt dät wigger singe Deens, öm däm Jung jett zostecke ze künne. Un et hätt ihr su vill och Spass jemaat, dat se noch jeblevve es, do wor dä Jung schon fädisch un se hätt et ja nit mieh nüdisch jehatt. Met fünfunsibbzisch hätt se dann he opjehot. Zwei Johr späder es se dann jesturve.“ [*„In den Fünfziger Jahren stand jeden Morgen noch ein Gemüse- und Obstkarren unter dem Eigelsteinstor. Das Geschäft ging gut und Peter, der Händler, machte sich jeden Morgen um 4 Uhr auf zur Markthalle, um pünktlich um 6 Uhr unter der Tür zu stehen, um die erste Kundschaft zu begrüßen. Der Peter, der mit seiner Frau Käthe im UKB (s.u.) wohnte, hatte einen Sohn. Weil der ein schlauer Kerl war, kam der mit 10 Jahren auf die weiterführende Schule, aufs Hansagymnasium. Damals gab es noch Schulgeld, die Bücher mussten bezahlt werden und so musste Käthe Geld dazuverdienen. Die Stelle war gut: Sie ging um 5 Uhr nachmittags aus dem Haus und war um 11 Uhr abends wieder daheim. Käthe war Klodame hier im Brauhaus. Der Peter war nachmittags daheim und so war der Kleine nie allein. Und im UKB kannte jeder jeden. Wenn es einmal hart auf hart kam, waren die Nachbarn auch noch da. So machte der Sohn Abitur und fing an zu studieren. Und die Käthe arbeitete weiter, um ihrem Jungen ab und zu etwas Geld zustecken zu können. Die Arbeit machte ihr so viel Freude, dass sie noch weiter arbeitete, als der Sohn längst fertig mit dem Studium war. Erst mit 75 hörte sie auf. Zwei Jahre später ist sie dann gestorben.“*]

Martin unterbrach Anton, als er an seinem Kölsch trank und gerade eine Pause machte: „Joa, un wat hätt dat alles met Dir ze dunn?“

„Jo, Mätes, dä Schneiders Pitter war minge Vatter un et Kätt ming Mamm. Do unge hätt se dat Jeld verdeent, dursch datt isch zom Här Doktor wood. Isch han et nit verjesse, wo isch herkumme. Un do unge jevv isch nur jett vun minge Schulde zorück.

Kumm, drenke mer noch ene op ming Mamm un minge Bapp. Op ihr Wohl.“

[*„Ja, Martin, der Schneiders Peter war mein Vater und die Käthe meine Mutter. Da unten hat sie das Geld verdient, durch das ich zum Herrn Doktor wurde. Ich habe nicht vergessen, wo ich herkomme. Und da unten gebe ich etwas von meinen Schulden zurück. Komm, trinken wir noch einen auf meine Mutter und meinen Vater. Auf ihr Wohl!“*]

Rheinischer Sauerbraten

1. Die Zutaten für die Beize gemeinsam aufkochen und anschließend erkalten lassen.

2. Das Rindfleisch für mindestens 5 Tage in der Beize einlegen.

3. Anschließend aus der Beize nehmen und in einer Pfanne mit Schmalz scharf anbraten.

4. Mit 250 ml Beize ablöschen und 1 ½ Stunden schmoren lassen. Wenn nötig, Beize nachgießen.

5. Rosinen sowie die geriebenen Printen hinzufügen, bis die Sauce sämig ist.

6. Abschließend mit Salz und Pfeffer abschmecken.

ZUTATEN

für 4 Portionen

Für die Beize:

150 ml Rotwein

150 ml Rotweinessig

250 ml Wasser

1 Zwiebel, in Scheiben geschnitten

½ Stange Lauch

1 Möhre

50 g Knollensellerie

15 Pfefferkörner

6 Wacholderbeeren

3 Nelken

1 Prise Senfkörner

2 Lorbeerblätter

1 Prise Korianderkörner

1 Prise Rosmarin

1 kg Rind- oder Pferdefleisch (Oberschale)

40 g Schmalz

100 g Rosinen

2-3 Printen (gerieben)

Salz, Pfeffer

PHM J. Schmieder (Markus 12, 41-44)

Polizeihauptmeister Josef „Jupp" Schmieder hatte Dienstschluss. Während er seine Dienstpistole ins Waffenfach legte, seine Uniform auszog und in Jeans und Norwegerpullover schlüpfte, dachte er nach. Was könnte er seinen beiden Töchtern Ursula und Irmgard zu Weihnachten schenken? Ursula war jetzt dreizehn Jahre alt und Irmgard würde im Januar sechzehn.

Vergangenen Samstag hatte die Nikolausfeier des Sportvereins stattgefunden, in dem Jupp ehrenamtlich als Trainer für die Jugendfußballmannschaften tätig war und Irmgard in der B-Junioren-Frauenmannschaft im Tor stand.

Auf dieser Nikolausfeier gab es für Jupp einen kleinen Schock: Irmgard stellte ihm ihren ersten Freund vor, Stefan, den Linksaußen von den A-Junioren. Da wusste Jupp, dass sein Irmchen kein kleines Mädchen mehr war, sondern langsam erwachsen wurde.

Auch Ursula kam jetzt in die Pubertät. Sie selbst nannte sich „die Zicke", womit sie leider auch Recht hatte.

Womit konnte er die beiden zu Weihnachten überraschen? Natürlich musste es etwas sein, worüber sie sich wirklich freuten. Gleichzeitig durfte es nicht seinen finanziellen Rahmen sprengen – das kleine Reihenhaus, welches Jupp und seine Frau Elisabeth für sich und die Kinder am Kölner Stadtrand gekauft hatten, belastete noch immer sein nicht gerade üppiges Polizistengehalt. Aber mit dem, was Elisabeth als Sprechstundenhilfe dazuverdiente, kamen sie über die Runden.

Neben Jupps Spind zog sich gerade Rainer um, mit dem Jupp heute 8 Stunden zusammen

im Streifenwagen verbracht hatte.
„Rainer, hast du eine Idee, was ich meinen beiden Mädels zu Weihnachten schenken könnte? Es soll nur nicht unbedingt ein Smartphone oder so was sein."
Rainer, der selbst drei Kinder hatte, hatte sofort eine gute Idee. „Jupp, ding Ursel es doch pädsjeck. Schenk im doch en Woch op enem Hoff met nem Päd."
[*„Jupp, deine Ursel ist doch pferdeverrückt. Schenk ihr doch eine Woche auf einem Hof mit Pferd."*]
„Rainer, das ist doch viel zu teuer. Du weißt doch, wie es seit dem Hauskauf bei uns aussieht. Reiterferien können wir uns nicht leisten", entgegnete Jupp.
„Dat weiß isch, evver isch han do en Idee. Isch han ene Kusäng en dr Eifel, dä hät ene Hoff und dä hät Päd. Nevven dä Landwirtschaff hät dä noch zwei Ferijewohnunge un immer a paar Lück us der Stadt, die do rigge kumme. Isch künnt mer vürstelle, wenn dat Ursel do jet em Stall met anpack, dat minge Kusäng üvver et bezahle met sisch schwade löß."
[*„Das weiß ich, aber ich hab da eine Idee. Ich hab einen Kusin in der Eifel, der hat einen Hof und ein Pferd. Neben der Landwirtschaft hat der noch zwei Ferienwohnungen. Da kommen immer ein paar Leute aus der Stadt hin, die dort reiten.*

Ich könnte mir vorstellen, dass man mit meinem Kusin über die Bezahlung reden könnte, wenn die Ursel im Stall mit anpackt."]
„Keine schlechte Idee. Da müssen wir morgen im Dienst mal genauer drüber reden. Aber was schenke ich der Irmgard?"
„Do häs mer doch selvs verzallt, dat ding Irmsche jetz ene Tünnemann hätt. Un beide spille Fußball. Jevv inne doch dat Jeföhl, dat de se erns nimms. Schenk dinger Dochter ene Daach met däm Tünnemann zesamme. Zwei Kaate für dr FC, un aanschleßend e jemeinsam Esse ohne die Eldere. Do reschnet se bestemp nit met."
[„*Du hast mir doch selber erzählt, dass dein Irmsche jetzt einen Kerl hat. Und beide spielen Fußball. Gib ihnen doch das Gefühl, dass du sie ernst nimmst. Spring über deinen Schatten und schenk deiner Tochter einen Tag mit dem Kerl zusammen. Schenk ihnen zwei Karten für den FC, und anschließend ein gemeinsames Essen ohne Eltern. Da rechnet die bestimmt nicht mit.*"]
„Ach, Rainer, ist doch gut, wenn man Freunde hat! Jetzt will ich aber nach Hause, ist schon Viertel nach zehn und morgen hab ich Tagesdienst. Tschüss, Rainer, und vielen Dank für die Tipps."

Eine Viertelstunde später stand Jupp mit seiner Vespa PX 200 auf der Frankfurter Straße vor einer roten Ampel. Hinter ihm hörte er die quietschenden Bremsen eines Kleinlasters, dessen Fahrer die rote Ampel zu spät bemerkt hatte. Der Laster machte eine Vollbremsung und rutschte nach rechts. Der Außenspiegel traf Josef Schmieder mit seiner ganzen Wucht im Genick. Der alarmierte Notarzt konnte nur noch den Tod feststellen.

Am nächsten Morgen stand ein geradezu gespenstischer Wachwechsel an. Niemand redete ein Wort. Auf dem Tresen der Wache lag Jupps Mütze. Am Abend zuvor hatte er sie im Schreibraum vergessen. Jemand hatte einen Trauerflor daran gebunden und eine Kerze daneben gestellt.

Der Satz „Jupp ist tot" schwebte unausgesprochen im Raum. Bei der Dienstbesprechung um Viertel nach acht verlas der Wachdienstleiter die nüchternen Fakten und Umstände des Todes des bei allen beliebten Kollegen. Danach folgte eine Schweigeminute.

Dann brach es aus Rainer heraus:

„Su künne mer dat nit ston loße. Mer künne dat Elisabeth un die zwei Mädscher nit em Riss loße. Jestern Ovend ham mir zwei noch verzallt, wat hä inne zum Chresdaach schenke künnt un dat em Orenbleck bei inne de Kass jet mauh wör. Mer müsse do jet dunn."
[*„So können wir das nicht stehen lassen. Wir können die Elisabeth und die zwei Mädchen nicht im Stich lassen. Gestern Abend haben wir zwei noch darüber geredet, was er ihnen zu Weihnachten schenken könnte und dass er im Augenblick etwas knapp bei Kasse ist. Da müssen wir doch etwas tun."*]

„Zur Zeit ist der Inspektionsleiter bei Elisabeth zu Hause", erwiderte Kollege Wolfgang. „Er ist heute Nacht schon informiert worden und dann auch sofort gekommen. Er hat versichert, dass die Behörde und das Polizeisozialwerk sofort unbürokratisch helfen würden. Das bedeutet aber nicht, dass wir selbst nichts tun können. Rainer, du kanntest ihn doch am besten – stell mal zusammen, was jetzt notwendig ist."

Für Rainer stand eins aufgrund des Gesprächs vom gestrigen Abend sofort fest: Die Dienststelle würde unter anderem die diesjährigen Weihnachtsgeschenke für die beiden Mädchen übernehmen.

In der nächsten Stunde gab es im Wachraum kein anderes Thema als die Hilfe für die Familie des verstorbenen Kollegen.

Niemand hatte indes auf Herbert geachtet, der auf der Bank gegenüber dem Wachtresen vor sich hindöste. Herbert war wohnungslos; jetzt im Winter fror er stets, vor allem nachts. Früher hatte er noch, wenn es ihm zu kalt wurde, vor der Wache randaliert, um dann in der warmen Zelle die restliche Nacht zu verbringen. Mittlerweile kam er einfach so auf die Wache und blieb dann eine Stunde, um sich aufzuwärmen. Da er auf der Straße viel mitbekam, war er für die Beamten zu einer guten Informationsquelle geworden. Herbert, der sich selbst als „nicht sesshafter Philosoph" bezeichnete, verdiente seine Brötchen damit, dass er kleine Gedichte schrieb, auch im Auftrag, und diese dann verkaufte. Er hatte seinen Stolz und wollte nichts geschenkt haben, nahm für seine Gedichte aber jeden Betrag an. Zwischen Herbert und den Beamten gab es eine gut funktionierende Symbiose: Informationen gegen Wärme – und ab und zu mal einen Kaffee.

Aus seiner abgewetzten Umhängetasche kramte er einen Bleistift und seinen kleinen Schreibblock. Er begann, zu schreiben.

Niemand achtete auf ihn, als er aufstand, das beschriebene Blatt vom Block abriss, es zusammen mit dem Inhalt seiner rechten Jackentasche auf die Theke legte und ging.

Herbert weinte.

Einige Minuten später fand Rainer das Blatt und die danebenliegenden siebenunddreißig Euro und zweiundachtzig Cent. Er las:

Für Jupp von Herbert:
Er war ein echter Schutzmann, nicht nur Polizist
was genau genommen auch viel besser ist.
Er beschützte alle, auch die Wohnungslosen
für ihn waren wir Menschen gleich wert wie die Großen,
er war immer korrekt, er war nie überheblich,
ein wahrer Mensch mit Herz, wie man oft sucht vergeblich.
Ich geb', was ich habe, mein Tagessalaire,
es ist nicht viel, doch ich habe nicht mehr.
Gebt's seinen Kindern zum Weihnachtsgeschenk bei
und sagt ihnen, dass es von Herbert, dem Penner, sei.

Spaghetti mit Lauch und Lachs

Josefs Lieblingsgericht. Geeignet, um es in 9 Minuten in der Kaffeeküche der Wache mittags zuzubereiten. Für vier Personen unter fünf Euro.

1. Die Spaghetti in Salzwasser nach Packungsanweisung garen.

2. Zwischenzeitlich den Lauch in Scheiben schneiden und in wenig Öl anbraten.
Die Mischung mit Sahne ablöschen. Den Lachs in Streifen schneiden und kurz unter die Lauch-Sahne-Mischung rühren. Je nach Geschmack mit gekörnter Gemüsebrühe und Pfeffer abschmecken.

3. Auf tiefen Tellern anrichten.

ZUTATEN

½ kg Spaghetti

1 große Stange Lauch

200 ml Sahne

1 Paket Räucherlachs

Gemüsebrühe, Pfeffer

Die Gans Martina

Der 11. November ist für viele ein Festtag. Während die einen den Sankt Martinstag feiern, zelebrieren die Karnevalsjecken um 11:11 Uhr den Beginn der Karnevalssession.
Für die Jägerinnen und Jäger des Hegerings Rüdemann stand heute aber vor allem das Martinsschießen auf dem Programm. Auf dem alten Schießstand am Deutzer Postweg schossen die Jäger allerdings nicht auf Wild, sondern auf Tontauben und Pappscheiben.
Das Tontaubenschießen und das „Stehendschießen" auf die Rehbockscheibe waren gerade beendet, als nach einer kurzen Pause die Schützen sich an der Schießbahn „laufender Keiler" trafen. Hier galt es, aus 50 m Entfernung eine Scheibe in Form eines Wildschweins zu treffen, die sich obendrein auch noch bewegte.
Toni war beim letzten Durchgang angekommen. Die letzten fünf Schuss sollten alles entscheiden. Eine Sieben erzielte er, dann drei Achter. Nun machte Toni sich bereit für den allerletzten Schuss. Er hatte die Büchse angeschlagen und wartete auf die Scheibe. Gleichmäßig bewegte sie sich von rechts nach links. Er zog mit dem Ziel mit, überholte es und drückte ab. Hermann, der die Scheibenanlage bediente, konnte sich ein „Weidmanns Heil, das war eine zehn!" nicht verkneifen.
Nach einer kurzen Pause wurde das Ergebnis des Martinsschießens im Aufenthaltsraum des Schießstandes verkündet. Für die fünf besten Schützen hatte Thomas seinen Jagdgenossen je eine Gans gestiftet. Toni hatte sich keine Chancen ausgerechnet, doch plötzlich hörte er seinen Namen. „Den fünften Platz belegt unser lieber Toni, der mit seinem letzten Schuss Herbert und

Ludwig überholt hat. Der Thomas wird euch gleich draußen auf dem Parkplatz die Gänse übergeben.“
Toni wunderte sich, dass Thomas die Gänsebraten nicht mit hereingebracht hatte. Doch als er sich draußen dessen Landrover näherte, erkannte er den Grund. Im Heck des Fahrzeuges befanden sich keine Bratenstücke, sondern fünf schnatternde, schneeweiße und quicklebendige Gänse, die im eingebauten Hundekäfig nervös mit ihren Flügeln schlugen.
Als Thomas die erstaunten Gesichter der anderen sah, konnte er sich ein Grinsen nicht verkneifen. „Ihr alten Hasen werdet sie doch wohl selbst küchenfertig machen können. Das lernt doch schon jeder Jungjäger.“
So kam es, dass Toni mit einer lebenden Gans unter dem Arm auf dem Parkplatz stand. Er überlegte, wie er das zuhause seiner Familie beibringen sollte.

Martina – nur so darf eine Martinsgans schließlich heißen – zog also in das Haus in Porz-Libur ein; genau genommen in den Gartenschuppen, denn ihr Aufenthalt war ja nur bis Ende Dezember geplant. Am ersten Weihnachtstag sollte Martina als Braten die Hauptrolle beim Weihnachtsessen der Familie spielen. Das Gänserezept hatte Tonis Gattin Angele vor Jahren von ihrer Großmutter übernommen: Gans in Biersauce, gefüllt mit Boskoopäpfeln, Maronen und Rosinen. Dazu gab es, dies gebot die Tradition, schlesische Klöße und Rosenkohl.

Die drei Töchter Susanne, Gunilla und Inga waren von Martinas Anwesenheit im Gartenhaus begeistert. Schon nach einer Woche hatte die 14-jährige Susanne der Gans Martina beigebracht, auf ihr Rufen zu kommen; nach einer weiteren Woche konnte die elfjährige Gunilla sie an der Leine von Barry, dem Deutsch Kurzhaar-Rüden, bei Fuß gehen lassen. Das größte Vergnügen aber bereitete es Martina, wenn sie von der kleinen Inga im Puppenwagen durch Libur gefahren wurde.

So fügte sich Martina mehr und mehr in das Familienleben ein, ohne dass dies jemandem groß auffiel. Für Hund Barry war es bald selbstverständlich, dass das Tier, welches laut schnatternd durch den Garten lief, keine Jagdbeute war, sondern jemand, mit dem man wunderbar im Garten herumtollen konnte. Und mehr noch: Als „Wachhund“ war Martina unschlagbar. Gemeinsam mit Barry, dem die Wachhundgene eher abgingen, bildete sie ein perfektes Team: Wenn ein Fremder sich dem Garten näherte, lief Martina laut gackernd und flügelschlagend zum Zaun, während Barry gemütlich hinterhertrottete und höchstens einmal kurz anschlug. Bei Kindern sah die Sache jedoch ganz anders aus. Hier war Martina neugierig und immer zum Spielen aufgelegt. Wenn sie sich nicht genug beachtet fühlte, zupfte sie vorsichtig am Hosenbein einer der Töchter und folgte vor allem Gunilla auf Schritt und Tritt.

Eines Morgens stellte Mutter Angele beunruhigt fest, dass von Martina weit und breit nichts zu sehen war. Doch ein Anruf brachte schnell die ersehnte Erleichterung: Frau Kleingarten, Ingas Lehrerin, meldete sich und teilte mit, dass Inga Martina im Puppenwagen mit in die Schule genommen hatte. Frau Kleingarten hatte den Unterricht kurzerhand umgestellt und so war Martina an diesem Tag Hauptperson im Unterrichtsfach „Sachunterricht/Naturkunde“.

Frau Kleingarten konnte ein Lachen nicht ganz unterdrücken, beendete ihr Telefonat jedoch mit dem Satz: „Aber bitte nicht noch einmal!“

Je näher Weihnachten heranrückte, desto besser fand Martina sich im Haus zurecht. In der Küche schaute sie regelmäßig nach, ob Barry den Futternapf leergefressen hatte; das Hundekissen neben dem Kachelofen hatte sie sich seit zwei Wochen als bevorzugten Ruheplatz ausgesucht. Im Stall im Gartenhaus war sie nur noch nachts.

Nun war der 23. Dezember gekommen. Im Hause herrschte Totenstille. Toni wusste, dass seine Töchter draußen mit Barry unterwegs waren. Zwar hatte die Familie in den letzten Tagen das Thema „Weihnachtsessen“ peinlichst vermieden, doch nun drängte die Zeit: Heute musste Martina geschlachtet werden. Toni hatte in der Küche alles vorbereitet. In einer Plastikwanne hatte er ein kleines scharfes Handbeil, eine Küchenrolle und sein Jagdmesser bereitgelegt. Er spürte einen dicken Kloß im Hals und musste schlucken. In seinen Augenwinkeln sammelte sich eine verräterische Flüssigkeit.
„Toni, reiß dich zusammen! Seit 20 Jahren gehst du zur Jagd. Du wirst doch wohl eine Gans schlachten können!“, sagte er laut zu sich selbst. Doch seine innere Stimme antwortete sogleich: „Aber doch nicht Martina!“
Er gab sich einen Ruck, nahm die Wanne und ging in den Garten zum Schuppen, dem provisorischen Gänsestall.
Als er die Tür öffnete, erstarrte er. Vor ihm lag Barry, der leise knurrte. Dahinter standen die drei Mädchen und hielten sich an den Händen. In ihren Gesichtern konnte Toni Verzweiflung und Wut sehen. Inga hielt ein Pappschild, welches an einem alten Besenstiel genagelt war, in der freien Hand. Auf dem Schild stand klar und deutlich: „Martina muss leben! Wir essen keine Freundin!“
Toni drehte sich um und ging mit schnellen Schritten ins Haus zurück. Seine Tränen konnte er jetzt nicht mehr zurückhalten. Fast hätte er Martina geschlachtet!

Seit diesem Ereignis hat die Familie ein neues Traditionsgericht zu Weihnachten: Würstchenallerlei (Wiener-, Regensburger- und Weißwürstchen) mit fränkischem Kartoffelsalat.

Mittlerweile ist die Familie gewachsen. Tonis Enkel laufen gerade zum ausgebauten Stall, in dem Martina und ihr Lebensgefährte Martin, der Ganter, leben. Heute wird gefeiert, denn Martina hat Geburtstag. Sie wird 30 Jahre alt.

P.S.: Einen Gänsebraten hat es in der Familie zuletzt vor über 30 Jahren gegeben.

Das Gericht, das nicht gekocht wurde

Gebratene Gans in einer Biersoße

1. Die küchenfertige Gans innen und außen kalt abwaschen und von innen salzen.
Keulen und Flügel mit Garn zusammenbinden.

2. Die Maronen über Kreuz einschneiden und 20 Minuten im Wasser garen. Dann abgießen und sogleich die Schale und Haut entfernen. Die Maronen und Äpfel würfeln. Die Äpfel und Zwiebeln in Butter anschwitzen und dann die Maronen, Majoran, Petersilie und Rosinen hinzugeben. Mit Salz und Pfeffer abschmecken.

3. Die Masse in die vorbereitete Gans füllen und die Öffnung mit Baumwollgarn zunähen.

4. Die Gans mit der Brust nach unten auf den Rost des Backofens mit der Bratpfanne darunter legen. Mit 1/4 l kochendem Wasser übergießen und im auf 210°C vorgeheizten Backofen braten (Heißluftherd 180°C).

ZUTATEN

für 4 Portionen

1 Gans, bratfertig

Salz

250 g Maronen, frisch oder aus der Dose

400 g Äpfel (z. B. Boskoop), gewürfelt

400 g Zwiebeln, gewürfelt

3 EL Butter

1 TL Majoran

2 EL Petersilie, gehackt

2 EL Rosinen

Salz und Pfeffer

400 ml Bier

Stärkemehl

5. Nach 1 Stunde die Gans wenden, das Fett abschöpfen und 1/4 L heißes Wasser zugießen. Während der Bratzeit in Abständen immer wieder mit dem Bratfond begießen.

6. In der letzten Viertelstunde der insgesamt (je nach Größe der Gans) bis zu 3 Stunden dauernden Bratzeit nicht mehr begießen. Dafür die Haut mit kaltem Bier bestreichen, damit sie knusprig wird.

7. Anschließend die fertig gebratene Gans herausnehmen und warm stellen.
Das Fett abschöpfen, den Bratensatz mit dem restlichen Bier ablöschen, den Bratfond durch ein Sieb gießen, etwas Wasser mit Stärkemehl verrühren, die Sauce damit binden und mit Salz und Pfeffer abschmecken. Die Sauce zehn Minuten aufkochen lassen.

8. Das Garn aus der Gans entfernen und die Gans tranchieren. Die Sauce getrennt zur Gans reichen.

9. Dazu werden Rosenkohl und schlesische Klöße oder Semmelknödel gereicht.

Die Weihnachtspredigt

Die Christmette in der Kirche in Porz war wie jedes Jahr gut besucht. Zu Weihnachten und Ostern erinnerten sich viele daran, dass sie zur evangelischen Gemeinde gehörten. Zum Weihnachtsfest und zur Osterfeier gehörte der Gottesdienst eben dazu, auch wenn man das übrige Jahr mehr klerikal abstinent lebte. Böse Zungen lästerten, ein Weihnachtsbraten verdaue sich auf einer harten Kirchenbank besser. Der eine oder andere Besucher der Mette hatte leicht gerötete Wangen vom Rotwein, mit dem er oder sie den Weihnachtsbraten heruntergespült hatte.

Die letzten Töne des Liedes „Tochter Zion“ waren verklungen. Gleich würde der Liturg in der ersten Bank aufstehen, gemessenen Schrittes zur Predigtkanzel schreiten und die Gemeinde mit dem Kanzelsegen begrüßen. Doch nichts dergleichen geschah.

Der Mann im schwarzen Talar stand zwar auf, aber er ging nicht zur Kanzel, sondern entledigte sich seines Talars, unter dem er eine Schafswollweste trug, und schob einen seitlich stehenden Tisch, auf dem sich eine Kerze, eine Flasche Wein und ein Tonbecher befanden, vor den Altar. Er stellte noch einen Stuhl dazu und zog aus der einen Tasche seiner Schafswollweste eine Mütze, aus der anderen eine Tabakpfeife. Dann setzte er eine Mütze auf, setzte sich an den Tisch und goss sich einen Becher Rotwein ein.

Zu guter Letzt zündete er erst die Kerze an, dann die Pfeife.

Die Gemeinde war mucksmäuschenstill.

Manch einer stupste seinen Nachbarn in der Kirchenbank an – als wenn man sich vergewis-

sern müsse, dass man nicht träume.
Nach zwei Zügen aus der Pfeife und einem Schluck aus dem Becher fing der Liturg an zu reden: „Joden Ovend, isch ben dä Lukas, jenau jenommen Doktor Lukas. Isch ben ene Arzt. Die mieste Lück kenne misch evver als Lukas, dä Evanjelist. Isch han domols die Saache, die passet wore, opjeschrivve, domet se nit in Verjesseheit jerode.
Ihr weßt jo all, isch wor dä einzije, dä die Jeburt vun unserem Här Jesus beschrivve hät. Ming Kolleje, isch meine nit vun dr Medizinsick, isch meine die andere Evanjeliste, dä Matthes un dä Markus, die han dat met dem Stall in Bethlehem nit jeschrivve. Dä Hannes, dä kütt jo vun ner janz andere Sick. Dä hät dat all vill philosofischer jemaat.
Isch han dat jeschrivve, weil isch dovun jehot hat. Nit vun irjendjemand, näh, vun einem, dä dobei wor. Als isch ene junge Poosch wor, han isch ens ener Weetschaff ne ahle Heet jetroffe. Noh däm drette Bescher Wing fing dä aan ze verzälle.
‚Ming leeve Jung, och isch wor ens ne Panz. Isch erinnere misch, isch hat domols jerad ming ezte koote Botz jekräje. Mer droch jo vürher immer nur e Hemsche, su ne koote Kiddel. Och ming Eldere wore schon Heete un die janze Sippschaff. Mer wore met unser Diere en dä Nöh vun Bethlehem jewäs. Dat wor die Zick, als die janze Lück durch et Land reisten, öm sisch zälle ze loße. Die römische Besatzung wullt dat su han. En janz Bethlehem woren Himmel un Minsche. Sujar em Ställ han Familije jeschlofe. Et wor Winter, su öm et Shanukkafess, un nit jrad wärm. Un do han mer jet erläv, wat isch mingen Lebdaach nit verjesse wäd. Mer soßen Naats öm et Füer. Mer han jet Musick jemaat, minge äldeste Broder kunnt jot op dr Flöt spelle, un die Äldere han jet verzallt. Isch kleene Quoß wor schon längs enjeschlove. Plötzlisch wood isch waach. Et wor, als ob dä Himmel opjerisse wor. E Leesch, su jät han isch donoh nieh mieh jesinn, wor en dä Luff. Isch ben waach jewode, han jeluurt un han die Tön jehürt. En Musick, wie mer se op Äde janit kannt. Un do woren Engele, wie mer ming Moder später erklärt hät. Die däten singe:
‚HOSIANNA, HOSIANNA,
GELOBET SEI DER DA KOMMT.'
Un ene Engel kom op uns zo. Mer hatte Angs. Isch jlöv, isch hat et Bötzje voll.
Un dä Engel saat, mer sullde doch kein Angs han. Hä wullt uns un alle Minsche op Äde nur en Botschaff bränge. Janz en dr Nöh in Bethlehem wör ene kleene Panz jeboore wode.

Dat wör dr Heiland, ene Jesalvte. Un se saaten, isch hür jetz noch en minge Uhre:
‚Ehre sei Gott in der Höhe und Friede auf Erden und den Menschen ein Wohlgefallen.'
Als die Engele widder fott wore, maate mer uns op de Söck öm ze loore, ov dat och wohr wör. Un mer han dr kleene Panz jefunge. Hä looch en dä Krepp un hät jeschlofe. Uns Lück han sisch noch lang met dene Eldere ungerhalde. Isch han do net vell vun metjekräje, denn isch ben och enjeschlofe. Mr sin dann noch e paar Daach met uns Schofe en dr Nöh jeblivve. Su han mer och noch drei Piljer us nem fähne Land jesinn. Die kome met Kamele, su en rischtije Karawane. Die han Jeschenke metjebraht. Domols han isch et letzte Mol Gold jesinn un Weiroch jeroche. Isch weet dat nieh mieh verjesse.
Dä Kleen han se Jesus jenannt, dat wor domols nit unjewöhnlich. Et jov dä Name öfters. Ich han dä Jesus später noch öfters jesinn. Dat wor su zirka dressich Johr später. Do kom dä als Rabbi zoröck. Isch wor do schon längs verhierot. Dä hät jot jeprädisch, miestens üvver dr Härjott, üvver Fridde un dat die Minsche mieh im Levve leve mööte.
Besonders opjefalle es hä üvverall, weil hä Wunder vollbraht hät. Dove kunnte plötzlisch widder hüre, Blinde kunnte widder luure, sojar ne Dude dät widder läve. Immer mieh Lück kome, öm in zo sinn un ze hüre oder öm vum im jeheilt ze wäde.
Isch wööt üch jähn noch mieh verzälle, evver jetz ben isch möd. Isch drinke jetz noch ene Bescher Wing un dann jon isch noh hinge en et Strüh jett schlofe. Jod Naach für üch un al die andere.'"
„Lukas" machte eine Pause und nahm einen Schluck aus dem Weinbecher. Die Pfeife war mittlerweile erloschen.
„Ich han dann noch vill üvver unseren Här Jesus jehürt, wie hä jeläv hätt un wat hä jepredisch hät. Un isch han dat dann all opgeschrevve. Evver wirklisch wischtisch es dat ene, wat mer dä Heet domals jessat hät: Beim janze Jlöve jeht em Jrund et nur öm Fredde un Leev. Ens jitt et nit ohne dat andere. Mir Minsche sullte noh 2000 Johr endlisch domit anfange. En däm Sinn: e glöcksillisch Chreskind!"
[*„Guten Abend, ich bin der Lukas, genau genommen: Doktor Lukas. Ich bin Arzt. Die meisten Leute kennen mich aber als Lukas, den Evangelisten. Ich habe damals jene Geschichte hier aufgeschrieben, damit sie nicht in Vergessenheit gerät. Ihr wisst ja alle, dass ich der einzige war, der die Geburt von unserem Herrn Jesus beschrieben hat. Meine Kollegen, nicht die aus dem medizinischen*

Fachbereich, sondern die Evangelisten Matthäus und Markus haben nichts über die Szene in Bethlehem geschrieben.
Und Johannes, der hat sich dem ganzen auf eine andere Art genähert: Er hat viel philosophischer als wir geschrieben.
Ich hingegen habe das aufgezeichnet, was ich gehört habe. Nicht von irgendjemandem, sondern einem, der dabei war. Als ich ein junger Bursche war, habe ich einmal in einer Wirtschaft einen alten Hirten getroffen. Nach dem dritten Becher Wein fing er an zu erzählen:

‚Mein lieber Junge, auch ich war einmal jung. Ich erinnere mich, dass ich damals gerade meine erste kurze Hose gekriegt hatte. Man trug früher ja nur kurze Hemdchen, solch kurze Kittel. Schon meine Eltern waren, wie alle in meiner Familie zuvor, Hirten gewesen. Um Shannukka herum waren wir mit unseren Tieren in der Nähe von Bethlehem unterwegs: Zu der Zeit, als viele Menschen im Land auf den Beinen waren, um an der Volkszählung der römischen Besatzung teilzunehmen. Die ganze Stadt war voll von Menschen – sogar in Ställen mussten Familien übernachten, um vor dem kalten Winter Schutz zu suchen.
Da erlebten wir etwas, dass ich mein Lebtag nicht vergessen werde. Wir saßen nachts am Feuer: Mein ältester Bruder spielte gut Flöte und die anderen erzählten sich Geschichten. Ich war schon längst eingeschlafen und wurde plötzlich mit einem Male wach. Der Himmel sah so aus, als ob er aufgerissen worden wäre. Ein unbeschreiblich helles Licht erfüllte den Himmel und ich vernahm eine Musik, die man auf Erden so nicht kennt. Das waren Engel, die über uns schwebten und sangen: ‚HOSIANNA; HOSIANNA; GELOBET SEI DER DA KOMMT.‘
Ein Engel kam auf uns zu. Wir waren starr vor Angst. Doch der Engel sprach, wir sollten keine Angst haben, denn er hätte für alle Menschen auf

der Erde nur eine Botschaft: Ganz in der Nähe, in Bethlehem, sei ein Kind geboren worden. Das wäre der Heiland, ein Gesalbter. Und so sagten die Engel im Chor – ich hör es immer noch in meinen Ohren – ‚Ehre sei Gott in der Höhe und Friede auf Erden und den Menschen ein Wohlgefallen.'
Als die Engel verschwunden waren, machten wir uns auf die Suche nach dem Kind. Es lag in einer Krippe und schlief. So blieben wir noch einige Tage in der Nähe. Wenige Tage später kamen drei Pilger mit Kamelen aus einem fernen Land und brachten dem Neugeborenen Geschenke mit. Das war das erste Mal in meinem Leben, dass ich Gold gesehen und Weihrauch gerochen habe. Dies werde ich nicht mehr vergessen.
Den Kleinen nannten sie Jesus, ein Name, der damals nicht ungewöhnlich war. Den Jesus sah ich später dann noch öfters: Das war ungefähr 30 Jahre später. Da kam er als Rabbi zurück. Zu der Zeit war ich schon längst verheiratet. Er war ein guter Prediger, der Jesus, meistens predigte er über den Herrgott, über Frieden und darüber, dass die Menschen mehr im Leben leben müssten.
Er ist überall besonders aufgefallen, weil er Wunder vollbracht hat: Taube konnten plötzlich hören, Blinde konnten wieder sehen, sogar Tote lebten wieder. Immer mehr Leute kamen, um Jesus anzuhören und von ihm geheilt zu werden.
Ich würde auch noch gern mehr erzählen, aber ich bin sehr müde. Ich trinke jetzt noch einen Becher Wein und dann werde ich da hinten im Stroh schlafen gehen. Gute Nacht, ihr alle.
Ich habe dann noch viel über unseren Herrn Jesus gehört, wie er gelebt und was er gepredigt hat. Diese Dinge hab ich dann aufgeschrieben. Aber wirklich wichtig ist das, was der alte Hirte mir damals gesagt hat: Beim ganzen Glauben geht es im Grunde nur um Frieden und Liebe. Das eine gibt es nicht ohne das andere. Wir Menschen sollten nach 2000 Jahren endlich damit anfangen. In diesem Sinne: ein glückseliges Christkind!"]

Er stand auf, blies die Kerze aus und legte die Mütze auf den Tisch. Nachdem er wieder seinen Talar angezogen hatte, ging er die Stufen hinauf zum Altar und drehte sich zur Gemeinde.

Kartoffelsalat

1. Kartoffeln kochen und anschließend über Nacht auskühlen lassen.

2. Am nächsten Tag pellen und in Scheiben schneiden. Die Schalotten pellen und sie und die Gewürzgurken in feine Würfel schneiden.

3. Mayonnaise wie auf Seite 76 beschrieben herstellen und in einem Topf die 2 Eier ca. 10 Minuten hart kochen. Anschließend abschrecken und abkühlen lassen.

4. Gewürzgurkenwasser, Senf, Salz und Pfeffer miteinander vermischen.

5. Die Marinade über die Kartoffelscheiben geben, Mayonnaise zugeben und alles vorsichtig vermischen.

6. Abschließend die Eier in Scheiben oder Würfel schneiden und vorsichtig unter den Salat heben.

ZUTATEN

für 6 Portionen

1 kg Kartoffeln

2 Schalotten

100 g Gewürzgurken

100 g selbstgemachte Mayonnaise (siehe S. 76)

2 hart gekochte Eier

1 EL Gewürzgurkenwasser

1 EL Senf

Salz, Pfeffer

TIPP

Wem der Salat noch zu trocken ist, kann noch mehr Gewürzgurkenwasser hinzufügen.

12

Nikolaus

Für den heutigen Abend war der Großvater von seiner Tochter Johanna als „Babysitter" engagiert worden. Ihre Dienststelle veranstaltete wie jedes Jahr den traditionellen „Nikolausabend". Mittlerweile hatte das gemeinsame Essen im Weißbräu in der Kölner Innenstadt mit anschließendem „Wichteln" nur noch wenig mit Sankt Nikolaus zu tun; der Heilige war lediglich noch Namensgeber für die Veranstaltung. Das Traditionelle beruhte vor allem darin, dass die Feier nun schon zum vierzehnten Mal stattfand. Hätte Johanna ihre Kolleginnen und Kollegen gefragt, was diese über den Nikolaus wüssten, wären die Antworten wohl eher ernüchternd gewesen.

Max, Paul und Marie hatten sich zum Abendessen Pizza gewünscht. Mit dem Großvater war das immer eine Sensation. Den Pizzateig und die Tomatensauce hatte Oma Beate, die wegen ihrer Bronchitis nicht mitkommen konnte, schon vorbereitet. Jeder bekam eine runde Pizzabackform, in der sich der bereits fertige Teig befand. Mit einem Suppenlöffel durften die drei dann ihre Teigplatten mit der Tomatensauce einschmieren. Der größte Teil der Sauce landete tatsächlich dort, wo er hingehörte – der Rest allerdings auf Tisch, Boden und T-Shirts.

Dann öffnete der Großvater die verschiedenen Vorratsdosen, die Beate ihm in seine Klappkiste gestapelt hatte. Thunfisch, Salami, Schinken, Champignons, Ananas, Tomatenscheiben und geriebener Mozzarella, Zwiebelringe, Anchovis und Oliven standen im Nu vor ihnen auf dem Tisch. Jedes der drei Kinder konnte sich so seine Lieblingspizza zusammenstellen, wobei Zwiebeln, Tomatenscheiben, Anchovis und Oliven die Lieblingspizza vom Großvater ergaben. Als jeder seine Pizza aufgegessen hatte, ging der Großvater an den Kühlschrank.

„Un für üsch han isch extra als Nohdesch die „Orginal-Schleckermäulschen-Lasagne“ erfunden.“
[*„Und für euch hab ich extra als Nachtisch die „Original-Schleckermäulchen-Lasagne“ erfunden.“*]
Die Drei schauten erstaunt. Lasagne zum Nachtisch?
Als sie diese jedoch probierten, meinte Marie spontan: „Opa, beim nächsten Mal lassen wir die Pizza einfach weg und essen nur deine Schleckermäulchen-Lasagne. Und dabei ist Pizza ja eigentlich eins meiner Lieblingsgerichte!“
Johanna hatte für den restlichen Abend noch Spiele vorbereitet; morgen war ja keine Schule. Aber Max hatte sich vorgenommen, seinem Großvater an diesem Abend eine für Kinder sehr wichtige Frage zu stellen:
„Opa, die Mama ist ja heute Abend zur Nikolausfeier. Was ist eigentlich der Unterschied zwischen dem Nikolaus, dem Weihnachtsmann und dem Christkind? Kannst du uns das mal erklären?“
Der Großvater ließ sich nicht zweimal bitten. Mit einer solchen Frage war er in seinem Element. „Jo, dat will isch jän dun. En nem aale Filem hees et: Do stelle mer uns eez ens janz dumm. Jenau dat dun mir och.

Zo ez: Wä wor dä Nikolaus? Mer säät, dr Nikolaus wor dä Bischoff vun Myra en dr Zick su öm 350 noh dr Jeburt vun Jesus. Die Stadt Myra jitt et hück nit mieh. Die loch in, hück zo Daach wööt mer sage, in der Türkei, nur die jov et domols noch nit. Hück steit do die Stadt Demre an dr türkischen Riviera. Do fahre hück die Lück zom Bade hin.
Dä Nikolaus, he in Kölle nenne mr in och dr Hillije Mann, es dä Schutzpatron vun dene Rhingscheffer. Deshalb steit em Rheinauhafe och sing Fijur un luurt op dr Rhing öm die Scheffe zo säne. Un dr Hillije Mann hät vell ze dunn, denn hä es och noch dä Schutzpatron für die Pänz, für die Knastbröder, die Bänker, dat pass jo, un für die Fraulück, die ene Mann söhke. Wie hä dat wot? Do muss isch üsch noch jett verzälle:
Einmol, su säht mer, hätt in Myra ne Metzjer drei Jonge ümjebraat, öm se als Brode un Woosch ze verkofe. Dä Bischoff Nikolaus hät die Jonge jefunge un sing Jebet hätt se widder lebendisch jemaat. Deshalb wood hä da Schutzpatron vun dä Pänz.
Hä hät dofür jesursch, dat unschuldich Jefangene widder us dr Blesch kome.
Jo, un domols kunnt en Frau nur hierode, wenn se och Jeld für en Metjeff vun ihre Eldere metbraat. Dä Nikolaus hatt vun singe Eldere jet Jeld jeerv. Vun däm Jeld hätt hä dann denne ärme Mädscher jet in de Söck jesteck, domet se hierode kunnte. Su woot hä nit nur denne ihre Patron, sondern su kom och op, Söck erus ze hänge, domet dä Hillije Mann jet erin dun kunnt. Dat met dä Stivvele, dat wor ursprünglisch die Barbara. Evver dat verzäll isch üsch an nem andere Daach.
He in Kölle kom dä Nikolaus immer met Mitra, dat es dä huhe Hot vun enem Bischoff, un däm Krummstab. Später kom och noch dä Hans Muff dozo, dä se e Stöck dä Rhing erav och Knääch Ruprecht oder in Holland dä Schwate Piet nannte. Dat wor dä en Kette jelate Düvel. Die eldeste Nikolauskirsch in Deutschland steit übrigens he janz in dr Nöh, in Brauweiler die Klosterkirsch Zint Nikolaus es jetz schon fass elfhundert Joor alt.
Fröher hätt immer dä Hillije Mann de Jeschenke jebraat. Ez dä Martin Luther, do hat ihr jo schon vun jehoot, hatt dann die Idee met däm Chresskind. Hä daach, dat Jesuskind wör besser als ne katholische Hillije. Evver selvs en dr eijene Famillisch kunt hä sich nit janz durschsetze. Mer weiß, dat sing Pänz und sing Huspersonal immer noch jet vum Hillije Mann jekräht han. In Holland nennt mer en Zinter

Klas un sujar de Türke kennen in noch unger däm Name Noel Baba.
Myra looch domols in Phrygien. Do trore de Lück en rude Mötz. Su hat dann av un an dä Bischoff och en rude Mötz an. Su kom et, dat für ungefähr achtzisch Joor en amerikanische Limonadefabrik die Idee hatt, als Reklamefijur dä ärme Kääl en e rut Wöbsche ze stecke, em de Phrygische Mötz op dä Kopp ze setze, si Hus op dr Nordpol ze baue un em ne Rendierschlette ze verpasse. Die Reklamefijur kom op dr janze Welt jot an. Die schwatze Limo us Atlanta jitt et immer noch, un jeder kennt dä „Weihnachtsmann“ vun Coca Cola.
Wenn mer et jenau nemp, es dä Hillije Mann dä Nikolaus un katholisch, dat Chresskind dä junge Jesus un em Prinzip evanjelisch und dä Weihnachtsmann e äsch Industrieprodukt.
Evver hück kütt dä Weihnachtsmann och en dä evangelische Kinderjade, dat Kresskind en de katholische Kirsch und dä Nikolaus als Noel Baba zo muslimische Pänz in dr Türkei. Wenn dat doch üvverall su sin künnt.
Su jetz evver av in de Heija, et weet Zick.“
[„*Ja, das mach ich gern. In einem alten Film heißt es: Da stellen wir uns jetzt mal ganz dumm. Genau das tun wir jetzt auch.*
Zuerst einmal: Wer war denn der Nikolaus? Man sagt, der Nikolaus war der Bischof von Myra, ungefähr um 350 n. Chr. Die Stadt Myra existiert heute nicht mehr. Dafür steht dort die Stadt Demre, die zur Türkei gehört und an deren Riviera liegt. Sie ist ein beliebter Badeort für Touristen.
Der Nikolaus, oder, wie man ihn auch in Köln nennt, der Heilige Mann, ist der Schutzpatron der Rheinschiffer. Deshalb steht im Rheinauhafen auch seine Statue und segnet die Schiffe auf dem Rhein. Doch zugleich ist er der Schutzpatron der Kinder, der Gefangenen, der Bänker und ledigen Frauen. Wie das alles gekommen ist? Das will ich euch erzählen:
Einmal, so sagt man sich, soll in Myra ein Metzger drei Jungen umgebracht haben, um sie als Braten und Wurst zu verkaufen. Der Bischof Nikolaus hat sie gefunden und durch seine Gebete wurden sie wieder lebendig. Aufgrund dessen wurde er der Schutzpatron der Kinder.
Er hat außerdem dafür gesorgt, dass unschuldig Gefangene wieder aus dem Gefängnis kommen.
Ja, und damals konnte eine Frau nur heiraten, wenn sie Geld für eine Mitgift von ihren Eltern mitbrachte. Der Nikolaus hatte eine Menge Geld von seinen Eltern geerbt, von dem er dann den armen Mädchen etwas in die Socken steckte, damit sie auch heiraten konnte. So wurde er nicht nur ihr Patron, sondern auf diese Weise entstand auch der

Brauch, Socken aufzuhängen, in die der Heilige Mann etwas hereinstecken konnte. Die Stiefel stellte man ursprünglich am Barbaratag raus. Aber das werde ich euch ein andermal erzählen.
Hier in Köln war der Nikolaus immer mit einer Mitra bekleidet, das ist ein Bischofshut, und trug einen Krummstab. Später begleitete ihn auch der Hans Muff, den sie ein Stück den Rhein herauf Knecht Ruprecht oder in Holland den Zwarte Piet nannten. Das war der in Ketten gelegte Teufel.
Die älteste Nikolauskirche in Deutschland steht übrigens hier ganz in der Nähe. Das ist die Klosterkirche St. Nikolaus in Brauweiler, die jetzt schon fast elfhundert Jahr alt ist.
Früher brachte immer der Heilige Mann die Geschenke. Erst Martin Luther hatte die Idee mit dem Christkind. Der dachte wohl, dass das Jesuskind besser wäre als ein katholischer Heiliger. Aber selbst in der eigenen Familie konnte sich das nicht ganz durchsetzen. Man weiß, dass seine Kinder und sein Hauspersonal immer noch vom Heiligen Mann beschenkt wurden. In Holland nennt man ihn übrigens Sinterklaas und sogar in der Türkei kennt man ihn noch unter dem Namen Noel Baba.
Myra lag damals in Phrygien. Da trugen die Leute eine rote Mütze. Daher hatte ab und an der Bischof ebenfalls eine rote Mütze an. So kam es, dass vor ungefähr 80 Jahren eine amerikanische Limonadenfabrik die Idee hatte, den armen Kerl als Reklamefigur in eine rote Jacke zu stecken, ihm die phrygische Mütze auf den Kopf zu setzen, sein Haus an den Nordpol zu verlegen und ihm einen Rentierschlitten zu verpassen. Die Reklamefigur kam auf der ganzen Welt gut an. Die schwarze Limo aus Atlanta gibt es immer noch und jeder kennt den „Weihnachtsmann“ von Coca-Cola.
Wenn man es genau nimmt, dann ist der Heilige Mann der Nikolaus und katholisch, das Christkind der junge Jesus und im Prinzip evangelisch und der Weihnachtsmann ein echtes Industrieprodukt.
Aber heutzutage kommt der Weihnachtsmann auch in den evangelischen Kindergarten, das Christkind in die katholische Kirche und der Nikolaus als Noel Baba zu muslimischen Kindern in die Türkei. Wenn das doch überall so sein könnte.
So, aber jetzt ab ins Bett, es wird Zeit.“]

„Original-Schleckermäulchen-Lasagne"

ZUTATEN

Pfannkuchen

4 Eier, Mehl
Milch
1 EL Zucker
1 Prise Salz
½ Päckchen Backpulver

ZUTATEN

Panna cotta

400 g Sahne
600 ml Milch
100 g Zucker
2 Vanilleschoten
8 Blätter Gelatine

ZUTATEN

Himbeermousse

400 g Himbeeren
4 EL Zucker
Zitronenabrieb

1. Die Eier, das Mehl und die Milch sollten ungefähr das gleiche Volumen haben.

2. Die Eier aufschlagen und das Mehl, den Zucker, das Salz, das Backpulver und die Milch mit dem Schneebesen oder Handmixer unterrühren.

3. Den Teig 15 Minuten ruhen lassen. Anschließend in Butterschmalz dünn ausbacken.

4. Die Sahne, die Milch und den Zucker in einen Topf geben. Das ausgekratzte Vanillemark einrühren und die leeren Schoten dazugeben.

5. Die Mischung bei schwacher Hitze zum Kochen bringen und 15 Minuten köcheln lassen. Darauf achten, dass die Masse nicht zu schwach köchelt, sonst wird die Panna cotta nicht fest.

6. Die Gelatine in kaltem Wasser einweichen. Den Topf vom Herd nehmen, die Vanilleschoten herausnehmen und die ausgedrückte Gelatine unterrühren, bis sie sich aufgelöst hat.

7. Die Himbeeren mit dem Zucker und dem Zitronenabrieb mit einem Handmixer pürieren. Anschließend in einem Topf kurz aufkochen lassen.

8. Die Komponenten in einer rechteckigen Form wie eine Lasagne schichten. Die letzte Schicht bildet die Panna cotta. Die Lasagne über Nacht kalt stellen.

9. Vor dem Servieren mit Zucker bestreuen und mit einem Crème Brûlée-Brenner karamellisieren.

13

Fringsen

Köln, Dezember 1946.
Der Krieg war seit über einem Jahr vorbei, doch die Kölner Innenstadt glich noch immer einem Trümmerfeld. Zwar ragten die Türme des Domes noch in den Himmel, aber mehrere Bomben hatten die Kathedrale getroffen und um sie herum nichts als Ruinen hinterlassen. Die britische Armee hatte das Rheinland besetzt.
In diesem Dezember war es kälter als gewöhnlich und viele Bürger waren der Kälte schon zum Opfer gefallen. Was brennbar war und nicht gebraucht wurde, war bereits verheizt worden und die Wälder rund um die Städte und Dörfer verfügten längst über kein Totholz mehr. So landete mancher Baum, der über Nacht verschwand, als Brennholz auf dem Schwarzmarkt und dann in den Öfen Kölns oder Bonns.
Aus der Braunkohle der Tagebaue in Brühl und Walberberg presste man Briketts – „Klütten", wie sie der Kölner nannte. Diese wurden per Zug jedoch fast ausschließlich nach Frankreich oder England transportiert. Während somit zwischen Brühl und Roisdorf täglich Güterwaggons voller Briketts aus der Ville rollten, fror das Rheinland bitterlich.
Nicht nur daheim, auch in den Schulen konnte nicht geheizt werden. Trotzdem wurde dort unterrichtet. Ähnlich verhielt es sich mit den Kirchen, wo man trotz der Kälte wieder Gottesdienste abhielt. Der Dom, seit jeher der Stolz der Kölner, konnte jedoch noch nicht wieder benutzt werden – dies sollte erst anderthalb Jahre später zur 700-Jahrfeier der Grundsteinlegung wieder möglich sein. So fand in diesem Jahr der Silvestergottesdienst nicht im Dom, sondern in der Pfarrkirche des weniger zerstörten Vororts Riehl statt.
Die Bänke in der eiskalten Sankt Engelbert-Kirche waren bis auf den letzten Platz besetzt. In den Gängen standen weitere Gläubige. Diesen

heutigen Silvestergottesdienst zelebrierte niemand anders als der in Köln so beliebte Erzbischof Kardinal Frings.
Josef Frings war seit 1942 im Amt. Er selbst hatte in der NS-Zeit von der Kanzel verkündet, dass die Judenverfolgung ein himmelschreiendes Unrecht sei. Die Gestapo und andere nationalsozialistische Organisationen hatten es nicht gewagt, gegen den Kölner Oberhirten vorzugehen, da sie im katholischen Köln starke Reaktionen der Bevölkerung befürchteten.
In seiner heutigen Silvesterpredigt über die zehn Gebote kam der Kardinal schließlich auf das siebte Gebot zu sprechen: „Du sollst nicht stehlen!" Hierbei äußerte er einen Satz, der in den kommenden Tagen nicht nur in Köln von Mund zu Mund, sondern verbreitet durch Radio und Zeitungen um die ganze Welt gehen sollte: „Wir leben in Zeiten, da in der Not auch der Einzelne das wird nehmen dürfen, was er zur Erhaltung seines Lebens und seiner Gesundheit notwendig hat, wenn er es auf andere Weise, durch seine Arbeit oder durch Bitten, nicht erlangen kann."
Dies schlug ein wie eine Bombe. Die britischen Besatzungsbehörden reagierten scharf auf diese Predigt. Die Offiziere hatten bereits vor, den Kölner Kardinal durch die Militärpolizei festnehmen zu lassen, um ihn in Düsseldorf der Behörde vorzuführen. Auch hier rettete den Kardinal jedoch seine Beliebtheit: Die Besatzung fürchtete einen Volksaufstand im Rheinland und sah deshalb von einer Festnahme ab. Dennoch gab es eine Untersuchung, in deren Verlauf die Militärbesatzung einen Widerruf des Kardinals forderte. Dieser antwortete jedoch: „Ich selbst würde mir von den Waggons Briketts holen, wenn ich kein Heizmittel hätte."
Auf das Ultimatum der Militärs, sich in Düsseldorf zu äußern, fuhr Kardinal Frings schließlich doch in die Landeshauptstadt. Als jedoch der zuständige Offizier nicht pünktlich zum Termin erschien, sagte Frings zu seinem Fahrer: „Jetzt schleunigst weg, es könnte gar nicht besser gehen." Am Ende entschuldigte sich der zuständige Offizier schriftlich in Köln für seine Verspätung.
Hiermit war im Rheinland das Wort „fringsen" für „Klüttenklau" und Lebensmitteldiebstahl geboren. Den Rheinländern erleichterte dieses Hirtenwort in den nächsten Jahren das Leben – und auch ihr Gewissen. In den Wochen nach der Predigt stieg der Diebstahl von Brennmaterial und Lebensmitteln auf den Zügen der Besatzer sprunghaft an; ganze Familien zogen los, um möglichst viele Briketts, Kohlen oder Lebensmit-

tel zu ergattern. Selbst Fahrdienstleiter stellten die Signale auf freier Strecke auf „Halt“, um der Bevölkerung die Selbstversorgung zu erleichtern. So konnten auch die Schulkinder morgens im Schulranzen einen Klütten mitnehmen, damit die Klasse geheizt werden konnte.
Der gefringste Klütten war lange ein Zeichen für den Sieg der Menschlichkeit über das starre Gebot. Als das Kölner Millowitsch Theater direkt nach dem Krieg notdürftig wieder eröffnete, betrug der Eintrittspreis einen Klütten. Das Wort „fringsen“ fand gar Eingang in verschiedene Wörterbücher.
Heute findet man das Wort auf der Liste der aussterbenden Worte der deutschen Sprache. Die Denkmalbüste des couragierten Kölner Kardinals steht heute in Köln auf dem Laurenzplatz.
Den Humor hat der Kardinal seinen Lebtag nicht verloren. Als der hochbetagte Bischof sein Amt aus Gesundheitsgründen aufgab, wurde er von einem Reporter gefragt, wie es ihm denn ginge. Seine Antwort: „Jot sinn kann isch schlääsch, evver schläsch hüüre, kann isch jot.“ [*„Gut sehen kann ich schlecht, aber schlecht hören kann ich gut.“*]

Mayonnaise
selbst gemacht

ZUTATEN

1 Ei
1 TL Senf
Salz, Pfeffer, Zucker
Saft von ¼ Zitrone
150 ml Öl

1. Das Ei in ein schmales hohes Gefäß geben. Senf, Salz, Pfeffer, Zucker und Zitronensaft hinzugeben.

2. Den Pürierstab in das Gefäß stellen und mit Öl aufgießen.

3. Den laufenden Pürierstab (mittl. Geschwindigkeit) langsam hochziehen. Fertig ist die Mayonnaise.

Roastbeef (rückwärts gebraten) mit Remoulade

ZUTATEN

Für das Roastbeaf

1-1,5 kg Roastbeef

Öl, Salz, Pfeffer

3-4 Rosmarinzweige

3-4 Thymianzweige

Pfeffer

1. Roastbeef einen Tag vor der Zubereitung einölen, salzen und pfeffern, mit den Rosmarin- und Thymianzweigen zusammen dicht in Frischhaltefolie einwickeln. Nun ca. 24 Stunden im Kühlschrank marinieren.

2. Danach auswickeln und die Kräuterzweige entfernen.

3. Auf einer Keramikplatte bis zu einer Kerntemperatur von 55°C -56°C Ober-/Unterhitze im Backofen (Umluft 85°C) langsam garen.

4. Aus dem Ofen herausnehmen und 15 Minuten ruhen lassen.

5. Dann von allen 6 Seiten kurz und scharf in einer Pfanne anbraten.

6. Sofort aufschneiden und servieren.

ZUTATEN

Für die Remoulade

150 g Gewürzgurken

1 EL Kapern

2 Sardellenfilets

½ Bund Schnittlauch

½ Bund Petersilie

200 g selbstgemachte Mayonnaise

1 TL mittelscharfer Senf

50 ml Gewürzgurkenwasser

frisch gemahlener Pfeffer

1. Gewürzgurken, Kapern, Sardellenfilets, Schnittlauch und Petersilie fein hacken.

2. Die gehackten Zutaten mit Mayonnaise, Senf und Gewürzgurkenwasser verrühren und mit Pfeffer abschmecken.

3. Roastbeef anschneiden und mit Remoulade und Bratkartoffeln servieren.

Das Krippenspiel

Manche empfinden Friedhöfe als unangenehme Orte, um die man am besten einen Bogen machen sollte. Großvater jedoch liebte „seinen" Melatenfriedhof in Köln. Dieser erste Friedhof der Stadt Köln zeigt mit seinen Gräbern heute über 200 Jahre Stadtgeschichte. Großvaters drei Enkel Paul, Max und Marie kamen gerne mit ihm auf diesen Friedhof, denn die parkähnliche Anlage mit den alten Bäumen und den interessanten Grabmälern hat noch eine Besonderheit: Hier auf dem Friedhof lebt die größte Kolonie freilebender Alexandersittiche in ganz Deutschland, gemeinsam mit Igeln, Eichhörnchen, Füchsen, Kaninchen und Katzen.
An diesem sonnigen Dezembertag machten die vier einen ausgiebigen Spaziergang über den Friedhof, um sich später zum Mittagessen mit Großvaters Tochter Johanna, der Mutter der drei Kinder, zum Mittagessen in der Gaststätte Scholzen in Ehrenfeld zu treffen. Der alte Mann war voller Vorfreude auf ein Roastbeef mit Remoulade und Bratkartoffeln.
Während Marie Sittiche zählte und Paul sich in Gedanken über seine verhauene Lateinarbeit und der Beichte darüber bei seiner Mutter verlor, erzählte Max seinem Großvater von seinem Frust in der Grundschule.
„Opa, stell dir mal vor: Wir wollen auf der Weihnachtsfeier die Weihnachtsgeschichte aufführen. Da hat die Frau Großkarl bei der Rollenverteilung manche einfach übergangen. Wir sollen nur im Hintergrund in weißen Nachthemden als Engel herumstehen und Hosianna singen. Das ist total uncool! Hubert, Helge und ich hatten uns doch schon auf die drei Könige vorbereitet. Mit tollen Gewändern und großen Geschenken für das Jesuskind. Jetzt hat aber die Frau Großkarl die Rollen einfach dem Ali, der Li-Ling und dem Ashu

gegeben. Die Li-Ling ist doch ein Mädchen, der Ali ist Moslem und der Ashu kommt aus Indien und ist Hindu. Dabei ist Weihnachten doch ein christliches Fest."
Großvater unterbrach den Redeschwall seines Enkels. Er kramte sein bestes Hochdeutsch hervor und meinte: „Mein lieber Max, ich muss dir wat zeijen. Dafür müssen wir aber zum jroßen Querwesch zum Jrab der Familie Katz jehen. Kommt mal mit, Paul un Marie. Für euch is dat auch interessant."
Paul bewunderte immer wieder, wie zielsicher sein Großvater die Gräber auf dem Friedhof fand. Er kannte die meisten Grabstätten von Politikern, bedeutenden Familien der Stadtgeschichte, Karnevalisten und sonstigen interessanten Kölnern – und es gab immerhin über fünfundfünfzigtausend Gräber auf Melaten.
„Opa," sagte Paul, „du solltest Führungen auf Melaten machen mit dem, was du alles über den Friedhof weißt."
„Jung", verfiel Großvater jetzt mehr ins Kölsche, „dat hat dinge Opa fufffzehn Jahre lang nevven singem Berof jemaat, Domführungen, Führungen in den romanischen Kirschen und he op Melaten. Dat war jenoch Zick. Hück maach isch nur noch Führunge för ming Enkelscher." [*„Mein lieber Junge, das hat dein Opa fünfzehn Jahre lang neben seinem Beruf gemacht: Domführungen, Führungen in den romanischen Kirchen und hier auf Melaten. Das war lange genug. Heute mache ich nur noch Führungen für meine Enkelkinder."*]
Paul staunte – das war wieder etwas, was er über seinen Großvater nicht gewusst hatte. Mittlerweile standen sie vor einem ca. sechs Meter breiten Familiengrab. „Hier sind wir am Jrab der Katzens. Wat fällt euch denn auf?"
Marie antwortete als Erste: „Auf der einen Seite des Grabsteins sind keine Buchstaben, sondern so komische Zeichen."
„Und auf dieser Seite sind die Namen auch keine deutschen", ergänzte Paul.
Max schwieg. Er war noch immer in Gedanken bei der Rollenbesetzung des Krippenspiels.
„Dat stimmt. In die Familie Katz hat eine persische Familie einjeheiratet und jetzt liegen hier brav nebeneinander die katholischen Katzens und die schiitisch-islamischen Luftas. Die waren übrigens alle Ärzte von Beruf. Auf der rechten Seite steht ein Jedicht von Hafis, 'nem berühmten persischen Dichter und Philosoph. Die komischen Zeichen, wie Mariechen sagt, dat sind arabische Schriftzeichen. Aber ich wollt dir vor allem die linke Jrabsteinseite zeijen, Max. Lies mal bitte vor, wat da einje-

meißelt jeschrieben steht, damit Mariechen dat auch versteht."
Max las vor:

„ALS ABER JESUS
GEBOREN WAR
DA KAMEN
DREI WEISE AUS
HAMADAN IM IRAN
MIT NAMEN
LAVANDAD
HORMISDAS
UND GOSHNASP
UND FRAGTEN
WO IST DER
NEUGEBORENE
KÖNIG DER JUDEN
WIR HABEN NÄMLICH
IM MORGENLAND
SEINEN STERN
GESEHEN UND
SIND GEKOMMEN
IHM ZU HULDIGEN."
NACH MATTHÄUS 2, 1-2

„Max, has' du verstanden, wo die drei Könige herkamen? Aus dem Morjenland – so hat man früher den Orient jenannt. Hier steht Iran, da kommt der Ali doch auch her. Und Arabien und Indien waren früher berühmt für ihre Sterndeuter, Max. Kannst du dir immer noch bessere Könige aus dem Morgenland vorstellen als Ali, Li-Ling und Ashu?"
„Ja, aber die Li-Ling kommt aus Taiwan und ist außerdem ein Mädchen. Die könnte viel besser einen Engel spielen."
„Max, in wat für 'ner Zeit lebst du? Deine Tante Anja ist Flugzeugingenieurin, deine Tante Viola hat Physik studiert. Erklär du denen mal, dat jemand wat nit kann, weil et 'n Mädchen is. Die reißen dir den Kopp ab! Dat Li-Ling aus Taiwan kommt und 'n Mädchen is, is doch ein tolles Zeichen dafür, dat Jesus für alle auf die Welt jekommen ist. Bei 'nem Schauspiel ist doch die große Kunst, wat zu spielen, wat man nit is.
Un e ne Engel bes du wirklisch nit, och wenn du minge leeve Jung bes."

Steckrübeneintopf

1. Schweinebauch, Zwiebeln, Knoblauch, die geschälten Kartoffeln und Steckrüben in kleine Würfel schneiden.

2. Schweinebauch, Zwiebeln und Knoblauch in Schmalz goldgelb anrösten. Mit einem Teil des Wassers angießen, mit Gemüsebrühe würzen und 20 Minuten zugedeckt auf mittlerer Stufe köcheln lassen.

3. Kartoffeln und Steckrüben zugeben und den Rest Wasser hinzufügen. Mit Salz, Pfeffer und Majoran würzen und 45 Minuten köcheln lassen.

4. Sehr heiß, mit gehackter Petersilie bestreut, servieren. Das passt super dazu: Schwarzbrot mit Butter.

ZUTATEN

für 4 Portionen

600 g gepökelter Schweinebauch (Kassler)

4 mittlere Zwiebeln

½-1 Knoblauchzehe

4 mittlere Kartoffeln

1 kg Steckrüben (geputzt)

2 EL Schmalz

700 ml Wasser

1 TL Gemüsebrühe

Salz, Pfeffer, Majoran

gehackte Petersilie zum Bestreuen

15

Ramadan 1965

Vor den beiden christlichen Festen Ostern und Weihnachten liegt traditionell eine 40-tägige Fastenzeit. Nach der Zeit der Entbehrung schmecken mir Weihnachts- und Osteressen dann noch mal so gut.
Ursprünglich ist also auch die Adventszeit eigentlich eine Fastenzeit, auch wenn wir es heute kaum noch merken und sie zumeist als Schlemmerzeit mit Gebäck, Marzipan und anderen Leckereien begehen.
Für etwa 130.000 Kölner gibt es heutzutage aber noch eine andere Fastenzeit: den Ramadan.
Als meine damals zehnjährige Tochter eine muslimische Mitschülerin fragte, was denn der Ramadan eigentlich sei, bekam sie zur Antwort: „Ramadan ist die Fastenzeit vor dem Zuckerfest. Das Zuckerfest ist wie Weihnachten: Erst geht man in die Moschee, dann nach Hause oder zu Freunden zum Feiern. Es wird gegessen und getrunken, es gibt viele Süßigkeiten und Geschenke für die Kinder."

Doch wie lange ist der Ramadan den Kölnern schon bekannt? Drehen wir doch einmal die Uhr um ein paar Jahrzehnte zurück.
Wir schreiben den 03. Februar 1965. Vor genau vier Wochen hatten die Kölner in ihrem Dom das Fest der heiligen drei Könige gefeiert. Tausende Gläubige waren am Dreikönigenschrein mit den Gebeinen der Heiligen vorbeigezogen, für den man im 13. Jahrhundert den Neubau der Kathedrale begonnen hatte. Das gesamte Mittelalter hindurch war der Pilgerstrom nicht abgerissen. Nach Jerusalem, Rom und Santiago de Compostela galt der goldene Schrein als die viertwichtigste Pilgerstätte des Christentums. Köln gelangte so zu Reichtum und Wohlstand.
An jenem kalten Februarmorgen aber bot sich

den zur Arbeit eilenden Passanten ein ungewohntes Bild.
Seit drei Jahren lebten und arbeiteten in Köln Gastarbeiter aus Spanien, Griechenland und der Türkei. Den Begriff „Multikulti" kannte man aber damals noch nicht und so fiel die Gruppe hunderter türkischer Männer, von denen viele einen kleinen zusammengerollten Teppich unter dem Arm trugen, sofort auf. Von der Straßenbahnhaltestelle vor dem Hauptbahnhof gingen sie den Domhügel hoch – die Domplatte wurde schließlich erst Jahre später gebaut.
Trotz des ungewöhnlichen Anblicks ahnte vorerst noch niemand, dass er Zeuge eines einmaligen historischen Ereignisses werden sollte.

Aber was war geschehen?

In der Adventszeit 1964 trafen sich in den Räumen des Kölner Domkapitels mehrfach zwei ungleiche Gesprächsparteien. Die eine Gruppe war bekleidet mit schwarzen Soutanen und überwiegend roten Schärpen, sie waren grauhaarig oder glatzköpfig. Die andere Gruppe hingegen war einfach gekleidet; viele von ihnen trugen einen Schnurrbart.
Vier Mal hatte man sich bis jetzt getroffen.
Heute las der Sekretär des Domkapitels aus der Enzyklika des Papstes aus dem vergangenen Jahr, dem zweiten des 2.Vatikanischen Konzils, vor. Erstmalig äußerte sich hier ein Papst tolerant gegenüber den Anhängern des Islams: „*...die Gott in der Form des Monotheismus, besonders in der Form des Islam, anbeten. Für alles, was in ihrer Gottesverehrung wahr und gut ist, verdienen sie unsere Achtung.*"
Während des Konzils hatte sich die Meinung über den Islam grundlegend geändert. Nachdem jahrhundertelang Kreuzzüge gegen die „Muselmanen" geführt worden waren, waren sie nun anerkannte Gläubige, „die einen einzigen persönlichen Gott anbeten und die durch religiösen Sinn und zahlreiche Beziehungen menschlicher Kultur uns nahestehen."

Der Ramadan mit dem abschließenden Zuckerfest war den Kölnern damals noch kein Begriff. Die islamische Fastenzeit hatte kaum jemand zur Kenntnis genommen.
Lange hatte die muslimische Minderheit einen Ort gesucht, wo sie das Abschlussgebet des Ramadan gemeinsam feiern konnten. Durch das 2. Vatikanische Konzil ermutigt, hatte das Kölner Domkapitel mit der Unterstützung des Erzbischofs Joseph Kardinal Frings sich zu

einem mutigen Schritt entschieden: Das nördliche Querschiff der Kathedrale sollte an diesem Tag den „muslimischen Mitbrüdern“ für ihr Gebet zur Verfügung stehen. Der Kölner Dom, offiziell der „Hohe Dom zu Köln“, hatte seit der Zeit der französischen Besatzung durch die Truppen Napoleons einen Sonderstatus. Er gehörte nicht mehr der katholischen Kirche, sondern wurde durch das Domkapitel verwaltet, welches vom Erzbistum unabhängig war.

Und so kam es, dass an diesem 3. Februar hunderte Muslime in den Kölner Dom einzogen, dort ihre Gebetsteppiche ausrollten („an der Stätte, an der 1147 Bernhard von Clairveaux zum zweiten Kreuzzug predigte“, wie die „Kölnische Rundschau“ vermerkte), ihre Teppiche gen Mekka richteten und beteten. Stumm sahen die Heiligenfiguren und Kruzifixe den Gläubigen dabei zu. Immer wieder schallte das „Allahu akbar“ (Gott ist groß) durch das Kreuzgewölbe des Nordschiffes. Zum Abschluss dankte der islamische Imam den „christlichen Mitbrüdern in Köln“ für ihre Toleranz und Gastfreundschaft. Die zum Zuckerfest üblichen Spenden wurden in diesem Jahr dem Kölner Dombauverein übergeben.

Heute, fünf Jahrzehnte später, steht die große Moschee in Köln-Ehrenfeld kurz vor ihrer Fertigstellung. Bei der Demonstration einer rechtsradikalen Gruppierung sprach einer der von außerhalb angereisten Agitatoren ein älteres kölsches Ehepaar an: „Sie können doch nicht solche kulturfremden Dinge hier dulden!“.
Die Antwort ließ mein kölsches Herz höher schlagen.
„Eztens, och dat es Kultur, zweitens, minge Fründ Ali sull bedde dürfe, wo hä will un drittens“ – damit spielte er auf den österreichischen Zungenschlag des rechtsradikalen Redeführers an – „hatte mer schon ens ene wie dich he und dat wor jenau einer zovill.“
[*„Erstens, das ist auch Kultur, zweitens, mein Freund Ali soll beten dürfen, wo er will und drittens hatten wir hier schon mal so einen wie dich und das war genau einer zuviel.“*]

Baklava

1. Den Zitronensaft mit Wasser und Zucker aufkochen und dann 8 Minuten köcheln lassen. Die Flüssigkeit im Kühlschrank 6 Stunden abkühlen lassen.

2. Das Mehl und Backpulver wird vermischt und dann der Joghurt, das Rapsöl und die Eier untergerührt. Aus dem Teig werden 15 flache Stücke geformt und mit Speisestärke bestreut. Die Teigstücke übereinander stapeln, zusammen drücken und ausrollen. Anschließend wieder 15 Stücke formen und sie mit Frischhaltefolie sehr dünn ausrollen.

3. 7 der Teigblätter auf einem Backblech übereinander legen, dabei jedes Teigblatt mit einem EL Rapsöl bestreichen, bevor das nächste drauf gelegt wird.

4. Auf das 7. Teigblatt werden die Walnüsse verteilt. Anschließend werden die übrigen Teigblätter wie im vorherigen Schritt darauf gestapelt und mit Öl bestrichen.

5. Das Baklava in Rechtecke schneiden. Öl und Butter in einem Topf erhitzen und noch heiß über das Baklava geben. Im vorgeheizten Backofen bei 200°C 30 Minuten backen.

6. Den Zuckersirup über das fertige Gebäck verteilen und die Pistazien darüber streuen.

ZUTATEN

für 5 Portionen

Saft einer halben Zitrone

750 g Wasser

500 g Zucker

400 g Mehl

1 Päckchen Backpulver

30 g Joghurt

70 g Rapsöl

2 Eier

Speisestärke zum Bestreuen

Rapsöl zum Bepinseln

200 g Walnüsse, gehackt

60 g Rapsöl

150 g Butter

100 g Pistazien, gehackt, zum Bestreuen

Holzklau

Die Adventszeit war in diesem Jahr ungewöhnlich kalt. Zwei Tage nach Nikolaus hatte es das erste Mal geschneit. Nun war die weiße Pracht zwar wieder verschwunden, sehr zum Leidwesen der Kinder, aber die Temperaturen lagen auch weiterhin ständig unter dem Gefrierpunkt.

Vor elf Monaten war Willem pensioniert worden. Schon einige Jahre vorher hatten er und seine Frau Gela sich ein Häuschen außerhalb von Köln gesucht, abseits des Großstadttrubels und doch nur eine halbe Zugstunde vom Dom entfernt. Das Haus war fast 90 Jahre alt und Willem hatte die Jahre damit zugebracht, es wieder in einen SanReMo-Zustand zu versetzen. Diesen Ausdruck, der für „saniert, renoviert, modernisiert" stand, hatte er von Eckart, einem befreundeten Architekten, übernommen.

Jetzt war er fast fertig. Im Erdgeschoss hatten Wände weichen müssen und das große Wohnzimmer zierte nun ein großer skandinavischer Ofen, der die gesamte untere Etage beheizte. Dank des Orkans Kyrill, der 2007 auch rund um Köln wütete, war der Preis für einen Raummeter Kaminholz zwischenzeitlich auf unter 30 Euro gesunken. Willem hatte damals direkt eine ganze Lkw-Ladung gekauft. Statt eines Gartenzauns hatte er das Holz zwei Meter hoch um den oberen Teil des Gartens aufgeschichtet. Inzwischen hatte sich nach mehreren kalten Wintern der Holzpreis wieder verdreifacht und Willem war froh, dass er rechtzeitig vorgesorgt hatte.

Morgen, am zweiten Advent, erwarteten Willem und Gela ihre Töchter und die Enkelkinder zu Besuch. Zum Nachtisch sollte es Bratäpfel mit Vanillesauce geben; für die Erwachsenen mit einer Rumrosinen-Marzipanfüllung, für die Kinder wurde der Rum durch

Rumaroma ersetzt. Jetzt musste Willem nur noch den Holzvorrat im Wohnzimmer ergänzen und dann konnte die „Bagage“, wie er sie nannte, kommen.
Doch als Willem vor dem Holzstapel stand, überkam ihn nicht zum ersten Mal ein merkwürdiges Gefühl. Der Stapel erschien ihm kleiner, als er sein sollte. Ja, irgendwie wurde das Holz in den letzten Tagen ständig weniger. Es fehlte nicht viel, vermutlich nur einige Scheite. Heute wollte er es aber genau wissen: Er trug die für morgen benötigten Kloben ins Wohnzimmer und machte dann mit seiner Digitalkamera ein Foto vom Zustand des Holzstapels.

So sehr sich Willem über den Besuch seiner Enkelkinder gefreut hatte, so froh war er auch, als abends um sieben wieder alle gefahren waren und Ruhe im Hause einkehrte. Das Mittagessen und vor allem der Bratapfelnachtisch war bei den Kindern groß angekommen.
Eine Sache ließ ihm aber keine Ruhe. Den ganzen Tag hatte er nicht an das fehlende Holz gedacht, doch nun musste er unbedingt nachschauen. Er machte ein weiteres Foto, lud die beiden Bilder auf seinen Laptop und schob sie übereinander. Deutlich sah er, dass wirklich Holz fehlte – genau vier Scheite.

Abends im Bett überlegte Willem lange, wie er den dreisten Dieb überführen könnte. Seine Wildkamera kam nicht in Frage, die hatte er seinem Schwager vor ein paar Wochen für die Wildschweinjagd in der Eifel geliehen. Sich selbst auf die Lauer zu legen, verwarf er ebenfalls sofort. Er wusste ja gar nicht, in welchem Zeitraum der Dieb immer kam.

Am nächsten Morgen hatte er eine Idee. Mittags, sofort nach dem Essen, verschwand Willem in Richtung Kellerwerkstatt. Eine halbe Stunde hörte Gela ihn bohren und hämmern, bevor er schließlich ins Wohnzimmer zurückkam. Er hatte Sägespäne im Bart und Holzstaub auf der Brille, doch er lächelte still in sich hinein. Bei diesem Gesichtsausdruck wusste Gela, dass sie ihn nicht fragen brauchte, was er gemacht hatte. Er würde sowieso nicht antworten.

Drei Tage später war Auszahlungstag des Sparkästchenvereins „Uns letzte Knöpp“ in der Gaststätte „Zum Kappesbuur“. Die Kneipe war rappelvoll, aber alle sprachen nur über ein Thema. Toni, den Willem schon seit seiner Schulzeit kannte, kam auch sofort darauf zu sprechen:

„Willem, häss du schon jehoot, wat em Ungerdörp passeet es? Dä Kaminiski, du weiß doch, dä Berofschulllehrer, dä em Vürstand vum Kirschechor, däm es jester Ovend dä Kaminovve explodeet. Et es ävver nit vell passeet. Dä es bestemp einem singer Junge in der Schull op de Fööss getrudde. Un die Junge han sich dann jet usjedaach."
[„Wilhelm, hast du schon gehört, was im Unterdorf passiert ist? Der Kaminski, du weißt doch, der Berufsschullehrer, der im Vorstand vom Kirchenchor ist, dem ist gestern Abend der Kaminofen explodiert. Es ist aber nicht viel passiert. Der ist bestimmt einem seiner Jungen in der Schule auf die Füße getreten. Und die haben sich dann was ausgedacht."]
Kalle, der an der Theke stand, drehte sich zu den beiden um. Mit vollem Namen hieß er Dr. Karl-Heinz Stürmer. Er stammte wie Willem und Toni aus Köln und hatte als „Viehdoktor" im Dorf seine Praxis hier seit über zwanzig Jahren.
„Met däm Kaminiski hät et nit dä Falsche jetroffe. Dä määt immer ene op ‚Decke Botz', als wör er dä Graf Koks vun dr Jasanstalt. Wenn evver die Junge vun dr Freiwillije Fürwehr für dr Hillije Zinter Mäteszooch sammele kumme, määt hä janz schnell et Lesch us un deit esu, als wör keiner do. Wenn et jett ümesöns jitt, es hä direck do. Evver söns hät hä en dr Täsch ene Ijel."
[„Mit dem Kaminski hat das nicht den Falschen getroffen. Der macht immer einen auf ‚Dicke Hose', als wär er der Graf Koks von der Gasanstalt. Wenn aber die Jungs von der Freiwilligen Feuerwehr für den St. Martinszug sammeln kommen, macht er ganz schnell das Licht aus und tut so, als wäre keiner da. Wenn es etwas umsonst gibt, ist er direkt da. Aber selbst gibt er nie was aus."]
Willem biss sich auf die Zunge. Er würde auf keinen Fall aufdecken, wie es zu dem „Knalleffekt" gekommen war. Und Kaminiski würde auch nichts sagen können, obwohl er wusste, bei wem er das Holz „organisiert" hatte.
Auf dem Heimweg fiel Willem ein, dass er im Keller noch den Zehnerholzbohrer, die Holzdübel und den anderen „Schweizer Kracher", der noch von der letzten Silvesternacht stammte, wegräumen musste. Gela achtete immer auf Ordnung.

Bratapfel mit Marzipanfüllung und Vanillesauce

ZUTATEN

für 4 Portionen

1 EL Rosinen
20 ml Rum
100 g Marzipanrohmasse
4 Äpfel, am besten: Boskoop
100 ml Apfelsaft
Saft einer halben Zitrone
3 EL Mandel(n), gehackt

1. Rosinen über Nacht in Rum einlegen. Am nächsten Tag mit der Marzipanrohmasse verkneten.

2. Das Kerngehäuse der Äpfel ausstechen. Die Äpfel mit der Masse füllen, dann in eine Auflaufform mit dem Apfelsaft setzen und mit Zitronensaft beträufeln. Im vorgeheizten Backofen bei 200°C 20-25 Minuten braten.

ZUTATEN

für die Vanillesauce

1 Vanilleschote
3 Eigelb
3 EL Zucker
1 gehäufter TL Speisestärke
200 ml Milch
150 ml Sahne

1. Die Vanilleschote aufschlitzen und mit einem Messerrücken das Mark herausschaben.
Das Eigelb, den Zucker, die Stärke und das Vanillemark glatt rühren.

2. Anschließend die Milch, die Sahne und die Vanilleschote zugeben. Bei schwacher Hitze so lange rühren, bis die Sauce dick wird. Dabei darauf achten, dass sie nicht kocht. Die Vanilleschote entfernen.

3. Die Äpfel mit den Mandeln bestreuen und auf die Sauce setzen.

17

Weihnachten 1954

Drei Wochen vor Weihnachten waren wir von Köln-Bickendorf aus dem notdürftig wieder aufgebauten Haus der Großeltern nach Nippes in eine Neubauwohnung gezogen.
Wir, das waren meine Eltern, meine fünf Jahre ältere Schwester Petra und ich.
Dieser Umzug ist das erste Ereignis, an das ich mich erinnern kann. Endlich hatten wir eine Wohnung mit Kinderzimmer und Bad! Zu dieser Zeit ging ich jeden Morgen in den Kindergarten, meine Schwester in die Volksschule.

Dann kam der 24. Dezember. In der Kindergartengruppe war für Weihnachten gebastelt worden. Aus bunter Pappe hatten wir Sterne und Monde ausgeschnitten; sogar ein großer goldener Komet mit Schweif für die Christbaumspitze war dabei gewesen. Auch in der Schulklasse meiner Schwester hatten die Mädchen gebastelt und meterlange Ketten aus Gold und Silberpapier zusammengeklebt. Ich fand die Kette der Mädchen doof – meine Schwester hatte die gleiche Meinung von meinen Sternen. Unsere Erzeugnisse hatten wir vor zwei Tagen, sorgfältig in Papier eingeschlagen, den Eltern präsentiert: Sowohl Kette als auch Sterne sollten dieses Jahr unseren Weihnachtsbaum zieren.
Das Wohnzimmer, die gute Stube, die auch sonst nur sonntags oder bei Besuch benutzt wurde, war heute abgeschlossen. Der Vater rumorte den ganzen Vormittag im Keller.
Nur einmal kam er kurz in die Küche, in der wir uns aufhielten, um ein Pflaster für seinen Zeigefinger zu holen. Ihm war die Säge ausgerutscht. An die Bemerkung meiner Mutter kann ich mich nicht mehr erinnern, nur an den Gesichtsausdruck meines Vaters, wie er sich wortlos seinen Finger verarztete.
Meine Schwester musste schon damals in der Küche beim Kochen helfen. (Nebenbei be-

merkt: Dieser frühkindliche Einfluss hat ebenso wenig wie der spätere hauswirtschaftliche Gymnasialzweig ihre Kochfertigkeiten geprägt. Letztendlich hat dann mein Schwager, ein passionierter Hobbykoch, das Kochen in ihrer Familie übernommen.).

Zum Mittag gab es bei meinen Eltern Heiligabend immer Linsensuppe – es war schließlich der letzte Tag der adventlichen Fastenzeit. Die für den Geschmack beigefügten angebratenen Speckstückchen kommentierte mein Vater genau wie die abendlichen Frikadellen und Würstchen zum Kartoffelsalat mit dem Satz: „Wenn das Fleisch ist, sind Sägespäne auch Holz."

Damals als vierjähriger Knirps habe ich Linsensuppe gehasst. Heute dürfte man mich für einen Teller dieser Suppe, gekocht nach dem Rezept meiner Mutter, jederzeit nachts wecken.

Wir aßen damals immer in der Küche. Auch sonst spielte sich dort das Familienleben ab. Abends spielten wir hier meist Gesellschaftsspiele, wenn mir meine Mutter nicht gerade etwas vorlas.

Am frühen Nachmittag des Heiligabends war die Badezeit gekommen.

In der alten Wohnung im Hinterhaus in Bickendorf hatten die Eltern uns Kinder noch in einer großen Zinkwanne in der Küche gebadet. Sie selbst waren regelmäßig in die öffentliche Badeanstalt zum Baden gegangen. Dies war kein Schwimmbad, sondern eine Anstalt mit vielen kleinen Zimmern, in denen sich jeweils eine Badewanne befand. Für einen Groschen, also 10 Pfennige, konnte man dort eine halbe Stunde lang baden.

Aber all das war jetzt vorbei, wir hatten ja nun ein eigenes Badezimmer. Der Vater hatte dort den aus meiner Sicht riesigen, weiß emaillierten Badeofen angeheizt, der nun eine wohlige Wärme ausstrahlte. Gebadet wurde mit Kernseife, die das Wasser immer leicht grau erscheinen ließ. Die schöne Seife, mit Veilchen- oder Lavendelduft, lag bei der Mutter zwischen der Wäsche und wurde nur selten im Bad benutzt.

Als unsere Mutter das dampfende Wasser in die Wanne einließ, entbrannte sofort der übliche Streit zwischen meiner Schwester und mir. Wir wollten beide unbedingt der Erste in der Wanne sein – ich, weil ich immer der Erste sein wollte, meine Schwester hingegen aus konkreteren Gründen.

„Mama, nein, das geht nicht! Der Kleine pinkelt immer in das Badewasser, danach gehe ich dann nicht mehr rein!"

Aus heutiger Sicht verstehe ich ihre damaligen Bedenken nur zu gut. Aber als Vierjähriger

konnte ich nicht einsehen, dass ein bisschen Pipi in der Badewanne etwas Schlechtes sei. Ebenso wenig verstand ich, wieso ein beheizter Badeofen nur Wasser für zwei Wannenfüllungen hatte: Einmal Wasser für die Kinder, einmal für die Eltern. Wir waren Gott sei Dank nur zwei Kinder, nebenan die Nachbarn hatten sechs – da hatte derjenige, der zuletzt badete, ein echtes Problem.
Heute am 24. Dezember ließ unsere Mutter allerdings nicht mit sich diskutieren, es musste schließlich schnell gehen. Ich wurde noch schnell einmal auf die Toilette gesetzt und dann zusammen mit meiner Schwester in die Badewanne verfrachtet.
„Für euch zwei Portiönchen ist in der Wanne genug Platz! Wir haben heute keine Zeit zum Explizieren, gleich kommt die Oma, dann müssen wir in die Kirche und dann warten wir auf das Christkind."
Nach dem Baden wurden wir abgetrocknet, was in Ermangelung der heutigen Weichspüler eher einem Abrubbeln gleichkam. Krebsrot rasten wir zwei Nackedeis mit lautem Geschrei ins Kinderzimmer, wo auf unseren Betten schon frische Unterwäsche, für meine Schwester ihr Sonntagskleid und für mich der von Oma gestrickte „Seppelanzug" – Janker, kurze Hose, lange Strümpfe mit Strumpfgürtel – bereitlagen. Meine erste lange Hose bekam ich erst später zu meiner Einschulung.
Die „Oma" war rechtzeitig eingetroffen, um mir beim Anziehen zu helfen. Ich wollte das immer alleine, aber Wille und Können stimmten damals nicht immer überein. Jetzt im Alter scheint dieser Zustand wieder öfters aufzutauchen.
Unsere beiden Großmütter hatten verschiedene Bezeichnungen: Zu der einen sagten alle „Oma", die andere war immer die „Großmutter". Während wir mit der einen im Garten herumtollen oder auch in der Küche experimentieren konnten, war bei Großmutter alles anders: Begrüßung mit Diener und Knicks, Kontrolle der Fingernägel, Stillsitzen auf dem Sofa. Geredet werden durfte nur, wenn wir Kinder gefragt wurden. Zum Glück dehnten unsere Eltern diese Besuche der Großmutter nie über 30 Minuten aus. Der nächste Pflichtbesuch stand auch erst übermorgen am zweiten Weihnachtsfeiertag an: Wir würden brav die halbe Stunde absitzen, uns für die Mütze, den Schal oder die Strümpfe, die Großmutter am vierten Advent im Gemeindebasar im Pfarrheim erstanden hatte, bedanken und dann zur Oma zum Spielen gehen.
Aber jetzt machten sich meine Eltern erst einmal mit meiner Schwester auf den Weg zur

Kirche, denn Weihnachten fing richtig immer erst nach dem Familiengottesdienst an. Ich war noch zu klein, um mitgehen zu dürfen, und blieb daher mit der Oma in der Küche. Wir hörten Adventsmusik im Radio – einem alten Volksempfänger, der den Krieg überlebt hatte. Mir kam die Zeit unendlich vor. Wann kam endlich das Christkind?

Irgendwann hörte ich Stimmen vor der Wohnungstür, als gerade *Ihr Kinderlein kommet* gespielt wurde. Das Lied kannte ich schon aus dem Kindergarten. Aber es war nicht das Christkind mit seinen Engeln, die vor der Tür standen, sondern die Eltern und meine Schwester, die gerade von der Kirche heimkamen. Und dann endlich kam der Moment, auf den ich schon den ganzen Tag, was sag ich, die ganze Adventszeit gewartet hatte.

Meine Mutter zerrte mich noch einmal ins Badezimmer, um meine Hände zu waschen – gegen alle Weihnachtsregeln hatte meine Oma mir zwei Dominosteine zugestanden, die deutliche Schokoladenspuren hinterlassen hatten. Währenddessen rief Oma meine Schwester Petra – und so konnte unser Vater unbemerkt die gute Stube aufschließen und hineinhuschen. Wir vier hörten das ersehnte leise Klingeln des Weihnachtsglöckchens.

Das erste Klingeln bedeutete: Alle Mann im Flur zusammenkommen!
Beim zweiten Klingeln fingen wir mit unserem Weihnachtslied an. Ich hätte viel lieber *Ihr Kinderlein kommet* gesungen, weil ich das konnte, aber da die Oma *Macht hoch die Tür, die Tor macht weit* anstimmte, beschränkte ich mich auf ein Mitsummen, während ich meine neben mir stehende Schwester ärgerte.
Beim dritten Klingeln durften wir die Tür öffnen. Mitten im Raum stand unser Vater, das Glöckchen in der Hand. In der Zimmerecke leuchtete der Weihnachtsbaum, geschmückt mit den Sternen, dem goldenen Kometen, der Girlande und den zwölf traditionellen Kerzen, die für die zwölf Apostel Jesu standen.
Endlich war Bescherung! Was die anderen in der Familie geschenkt bekommen haben, kann ich beim besten Willen nicht sagen – ich hatte nur Augen für das eine große Paket, auf das meine Mutter mich zuschob. Ich riss das bunte Papier herunter und meine Augen wurden immer größer. Das Freudengeheul, welches ich anstimmte, hätte einem Indianerstamm alle Ehre gemacht. Vor mir, in einem Karton verpackt, lag eine Eisenbahn, eine Lok zum Aufziehen, zwei Waggons, Schienen mit einer Weiche und einer Kreuzung. Und, nicht zu vergessen, das Allerschönste, das einstellbare Signal!
Meine Freude bekam jedoch schnell einen Dämpfer. Einfach alles auspacken durfte ich nicht. Ich musste alle Einzelteile an meinen Vater weiterreichen, dem ich dann beim Aufbauen zugucken durfte. Heute weiß ich, dass dies das Schicksal aller jüngeren Kinder ist, die von ihren Vätern technisches Spielzeug zu Weihnachten geschenkt bekommen. Und als die Schienen endlich aufgebaut waren, wurden wir in die Küche zu Kartoffelsalat und Würstchen gerufen. Die Jungfernfahrt unserer Lok mussten wir auf nach dem Essen verschieben. Irgendwann bin ich dann auf dem Teppich neben der Eisenbahn eingeschlafen. In der Hand hielt ich das Signal.
Als ich morgens aufwachte, stand es neben meinem Bett auf dem Nachttisch.

Linseneintopf mal anders

(vegan und leicht exotisch)

1. Die Linsen über Nacht in kaltem Wasser einweichen. Am nächsten Tag die Linsen, die nicht gequollen sind und oben schwimmen, entfernen. Danach abgießen und gut in einem Sieb oder Seihe abtropfen lassen.

2. Den Knoblauch und den Ingwer für ein kräftiges und frisches Aroma schälen und in kleine Würfel schneiden. Die Zwiebeln ebenfalls fein würfeln.

3. Für eine leichte Schärfe die Chilischote später ganz in den Topf geben und zum Schluss wieder herausnehmen (für mehr Schärfe kleinschneiden). Den Lauch in Ringe schneiden. Die Kartoffeln und die Möhren werden in etwa gleich große Würfel geschnitten.

4. Öl in einem nicht zu kleinen Topf erhitzen. Den fein geschnittenen Ingwer, Chili und die Zwiebeln anschwitzen. Mit etwas Kurkumapulver würzen und anschließend den Lauch, die Möhren und die Kartoffeln in den Topf geben. Kurz zusammen anschwitzen und mit etwas Zucker bestreut leicht karamellisieren lassen.

5. Mit Limettensaft ablöschen und mit der Gemüsebrühe gut bedecken. Die Linsen hinzufügen und langsam köcheln lassen. Etwa nach der Hälfte der Garzeit (15-20 Min) den Knoblauch und die Chilischote zufügen und mit Kokosmilch aufgießen. Zusammen unter gelegentlichem Rühren gar köcheln lassen. Zum Schluss mit Salz, Pfeffer und Limettensaft abschmecken. Fertig ist der mal etwas andere, vegane Linseneintopf für die Winterzeit.

ZUTATEN

für 4 Portionen

100 g getrocknete Linsen oder 250 g gequollene Linsen (Dose)

1 Knoblauchzehe

3 g Ingwer

3 Zwiebeln

1 Chilischote

1 Stange Lauch

4 mittlere Kartoffeln

2 große Möhren

Olivenöl

½ TL Kurkuma

Zucker

1 TL Limettensaft

Gemüsebrühe

50-100 ml Kokosmilch (nach Geschmack)

Salz

Pfeffer

Chanukka

In diesem Jahr (2016) zünden am 24. Dezember nicht nur die Christen in Köln die Kerzen ihres Weihnachtsbaums an – die ungefähr 5000 Mitglieder der jüdischen Synagogengemeinde tun es ihnen beim Anzünden der ersten Kerze der Chanukkia, dem Chanukkaleuchter, gleich. Die Kölner Kultusgemeinde ist nicht nur eine der größten jüdischen Gemeinden in Deutschland, sondern auch die älteste nördlich der Alpen.

Chanukka (zu deutsch: Einweihung), das Lichterfest, liegt in der Advents- bzw. Weihnachtszeit und dauert acht Tage. In diesem Jahr beginnt es am 24. Dezember 2016 und endet am 1. Januar 2017. Da sich der jüdische Kalender im Gegensatz zu unserem gregorianischen Sonnenkalender an den Mondphasen orientiert, ändert sich das Datum von Jahr zu Jahr.

Das Fest erinnert ursprünglich an die Wiedereinweihung des Tempels in Jerusalem im Jahr 164 v. Chr (im jüdischen Jahr 3597) nach dem erfolgreichen Makkabäeraufstand gegen die Übermacht der makedonischen Seleukiden, die den Tempel in einen Zeustempel umgewandelt hatten.

Zur Weihe war es notwendig, die Menora (siebenarmiger Leuchter) des Tempels mit geweihtem Olivenöl zu entzünden. Es wurde im Tempel jedoch nur ein kleiner Krug mit diesem Öl gefunden – und um neues Öl herzustellen, benötigte man acht Tage. Aber durch ein Wunder reichte diese kleine Menge Öl, um die Menora die acht Tage am Brennen zu halten.

Deshalb dauert das Chanukkafest traditionell acht Tage lang. Täglich wird ein Licht mehr angezündet, daher hat der Leuchter acht Lichter zuzüglich eines Lichtes, dem Schamasch (Diener), an dem die anderen Lichter

angezündet werden. Der Schamasch ist separat von den anderen Lichtern angebracht – höher, niedriger oder nach vorne gesetzt. Ursprünglich hat man hierfür ausschließlich Olivenöllampen verwendet. Heute jedoch haben sich in Köln stattdessen Kerzen durchgesetzt.
Der Leuchter wird unmittelbar nach Einbruch der Dunkelheit angezündet und muss dann mindestens 30 Minuten brennen. Wie der Weihnachtsbaum ist der Leuchter nicht dafür gedacht, das Zimmer zu beleuchten, sondern vielmehr mit seinem Licht die Feiernden zu erfreuen.

Als ich vor Jahren das erste Mal zu einer Chanukkafeier eingeladen war, stellte ich fest, dass die Kölner Christen viele der Chanukkabräuche für die Weihnachtsfeier übernommen haben. Fangen wir mit dem Essen an: Das klassische Chanukka-Mahl am ersten Abend ist der Gänsebraten. Das ausgebratene Fett wurde anschließend für die Öllichter verwendet. In Öl gebackene Speisen wie Krapfen, ähnlich unseren Berlinern oder Lattkes, zu gut Kölsch *Rievkoche*, werden bevorzugt gegessen. Beliebt ist auch der Karpfen – Neujahr lässt grüßen! Zum Licht des Leuchters wird dann gespielt, gesungen, gegessen und getrunken. Die Kinder

erhalten Münzen als Geschenke und werden angehalten, einen Teil davon für wohltätige Zwecke zu spenden.
Das beliebteste Spiel ist das Kreiselspiel (Dreideln). Ein vierkantiger Dreidel trägt die hebräischen Schriftzeichen *Nun, Gimel, He* und *Shin*, die Abkürzung des Satzes „Nes Gadol Haja Scham" (Ein großes Wunder geschah dort). Für das Spiel werden die Buchstaben jedoch als die jiddischen Worte für „nichts", „ganz", „halb" und „stellen" gedeutet.

Spielanleitung:
Mindestens zwei Spieler werden benötigt, von denen jeder 10 kleine Dinge (z.B. 10 Streichhölzer oder Münzen, Bonbons oder was gerade zur Hand ist) vor sich liegen hat. Zu Anfang legt jeder Spieler ein Ding in die Mitte. Der Dreidel wird gedreht und danach im Uhrzeigersinn weitergegeben. Der Buchstabe, der oben liegt, zeigt an, was zu tun ist.
- nes/Wunder steht für „nichts": Nichts passiert – kein Gewinn, kein Verlust.
- gadol/groß steht für „ganz": Du gewinnst alles – nimm dir, was in der Mitte liegt.
- haja/es geschah steht für „halb": Nimm die Hälfte – + 1, wenn es eine ungerade Zahl ist.
- scham/dort steht für „stell", im Sinne von „lege hinein": Gib 2 in die Mitte.
Ist die Mitte leer (nach *gadol*), wird nachgelegt.
Das Spiel ist einfach, es macht aber viel Spaß – auch den Erwachsenen.
Ob Weihnachtsfest, Chanukka oder Zuckerfest, eins ist klar: Kölner können feiern!

20 Berliner (Sufganiot)

1. Die Hefe mit einem Löffel Zucker in einen Topf geben und mit dem lauwarmem Wasser mischen. Die Hefemischung 10 Minuten gären lassen.

2. Das Mehl fein sieben und in der Mitte des Mehls eine Mulde bilden. Die gärende Hefe von oben hinzufügen, dann mit dem Eigelb, Öl, Zitronenschale, Vanillezucker und Salz mischen und solange kneten, bis sich der Teig von den Seiten des Topfes löst. Noch ein wenig Mehl hinzufügen und den Teig in einem Tuch an einem warmen Ort aufgehen lassen.

3. Den aufgegangen Teig 2 cm dick auf einer bemehlten Arbeitsfläche ausrollen. Mit einem Becher gleichmäßige Kreise ausstechen und diese mit Öl bestreichen, damit sie nicht austrocknen. Danach die Kreise nochmals 20 Minuten abgedeckt ruhen lassen

4. Zum Schluss die Berliner (Sufganiot) im heißen Öl frittieren. Die Marmelade in einen Spritzbeutel füllen und sie seitlich in die Berliner reinspritzen. Mit Puderzucker bestreuen.

ZUTATEN

für 20 Stück

40 g Hefe

60 g Zucker

200 ml lauwarmes Wasser

400 g Mehl

4 Eigelb

30 ml Öl

1 TL fein geriebene Zitronenschale

1 Päckchen Vanillezucker

1 Prise Salz

Marmelade nach Wahl zum Füllen

Puderzucker

Frittieröl (kein Schmalz)

TIPP

Guten Appetit und fröhliche Chanukka!

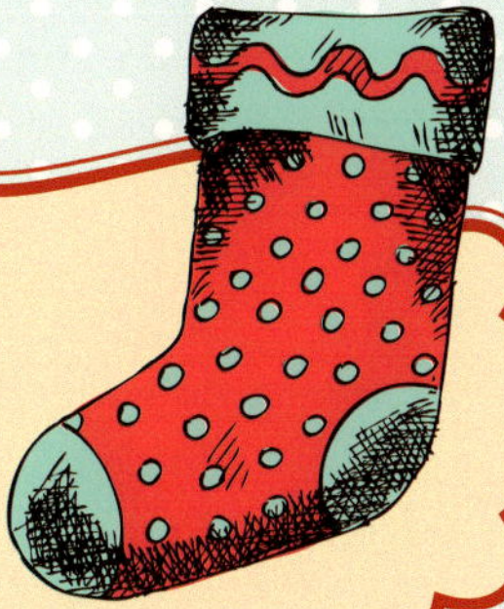

19

Weihnachten 2015

Yusuf wusste, er durfte nicht aufgeben. Er trug die Verantwortung für seine Frau Miriam und ihr ungeborenes Kind. Vor vier Wochen waren sie als letzte Überlebende ihrer Familie in Damaskus aufgebrochen.

Yusufs Brüder waren beide tot, erschossen von IS-Kämpfern. Seine Eltern hatten sich selbst getötet, als ihre kleine Stadt vom IS besetzt wurde. Sie hatten Angst gehabt, den schwarz vermummten Terrorsoldaten lebend in die Hände zu fallen. Als Arzt war sein Vater ein geachteter Mann in der Stadt gewesen – jeder kannte ihn und jeder wusste, dass er Christ war. Aber auch als Muslim hätte er um sein Leben fürchten müssen. Die Männer des IS töteten oft wahllos.

Yusuf war Diplom-Bauingenieur. Nach seinem Abitur-Abschluss auf dem deutschen Gymnasium in Damaskus hatte er zuerst eine Ausbildung zum Zimmermann gemacht, um dann in Aachen an der Technischen Universität zu studieren. Anschließend war er nach Hause zurückgekehrt, um beim Wiederaufbau seines Landes zu helfen.

Aber nun waren Miriam und er auf der Flucht – zwei Flüchtlinge unter vielen. In Alexandria hatten angebliche „Helfer" ihn um einen großen Teil seines Bargeldes betrogen.

Gerade erst waren sie auf einem kleinen Lastwagen, der vollständig überladen war, über Griechenland und Serbien bis an die ungarische Grenze gekommen. Man hatte ihnen versprochen, dass sie mit einem Zug nach Österreich gelangen könnten, doch stattdessen hatte man den Zug umgeleitet und sie zwangsweise in ein Erfassungslager in Ungarn gebracht.

In den Tagen im Lager konnten sie sehen, wie Ungarn Stacheldrahtzäune gegen Flüchtlinge errichtete. Hautnah mussten sie mitverfolgen, wie eine ungarische Journalistin auf fliehende

Menschen eintrat, statt für sie einzutreten. Yusuf kam sich so ohnmächtig vor. Dann endlich hieß es im Lager, dass es nun weitergehen würde. Die Zugfahrt nach Österreich glich einem Viehtransport. Auf einem Bahnhof, den sie langsam durchfuhren, sah Yusuf Transparente mit riesigen Schriftzügen. Als Miriam ihn um die Übersetzung des Textes bat, wechselte er das Thema. Wie sollte er für seine kurz vor der Niederkunft stehenden Frau den Satz „Haut ab, ihr Asylanten-Schmarotzer!“ übersetzen?

Kurz nach acht Uhr morgens kamen sie in München an. Auf dem Bahnhofsvorplatz sah Yusuf ein kleines Mädchen, das auch ein Transparent hochhielt: „Willkommen! Auch meine Großeltern kamen vor 50 Jahren über die Mauer in den Westen“. Diesen Text übersetzte er für Miriam sofort. Yusuf wusste aber, dass ihre Flucht noch

nicht zu Ende war. In einem Gespräch gelang es ihm, die Weiterreise nach Köln zu arrangieren.
In Köln bot man Yusuf auf Grund seiner ausgezeichneten Deutschkenntnisse eine befristete Stelle als Dolmetscher an. Er sollte die Mitarbeiter der Stadt Köln unterstützen, die in der alten Porzer Kaserne eine Anlaufstelle für syrische Flüchtlinge eingerichtet hatten. In dieser Kaserne wurden auch Yusuf und Miriam untergebracht.
In ihrer zweiten Nacht dort setzten bei Miriam die Wehen ein. Alles ging sehr schnell und noch bevor der gerufene Krankenwagen eintraf, waren Miriam und Yusuf Eltern eines Jungen geworden.
Am nächsten Morgen fuhr Yusuf zum Kölner Dom. Am Dreikönigsschrein kniete er nieder, holte die kleine Taschenbibel aus seiner Manteltasche und schlug sie an der Stelle auf, an der er ein Stück eines Notenblattes eingelegt hatte – Evangelium nach Lukas, Kapitel 2, Vers 7:
Und sie gebar ihren ersten Sohn und wickelte ihn in Windeln und legte ihn in eine Krippe; denn sie hatten sonst keinen Raum in der Herberge.
Danach las er im Matthäusevangelium die Geschichte der Weisen aus dem Morgenland.
Als Drittes las er das Notenblatt, das ihm sein aus Köln stammender Deutschlehrer geschenkt hatte:
„Wer in Kölle es jebore, hätt e Räsch e Levve lang, frei zo sin un frei ze otme, jeder Minsch ne freie Mann..." [*„Wer in Köln geboren ist, hat ein lebenslanges Recht, frei zu sein und frei zu atmen – jeder Mensch ein freier Mann..."*]
Dabei musste er an seinen neugeborenen Sohn denken.
Und wie hatte seine Mutter gesagt, als sie von der Schwangerschaft erfuhr: „Er soll Isa heißen."

Im Himmel dachte Engel Jupp:
„Hoffentlich han die Bläck Fööss ens Räsch.
Ihr Minsche, ihr möht üsch entschigge, sit ihr in dem Kreppespell Herodes, ne Pharisäer oder dä Nöchste?
Oder villeisch doch nur dä Essel?"
[*„Hoffentlich behalten die Bläck Fööss Recht.
Ihr Menschen, ihr möget euch entscheiden. Seid ihr im Krippenspiel Herodes, ein Pharisäer oder der Nächste?
Oder vielleicht doch nur der Esel?"*]

Syrische Falafel

1. Die Kichererbsen in einer Schüssel mit reichlich kaltem Wasser über Nacht quellen lassen.

2. Am nächsten Tag die Kichererbsen gut abtropfen lassen. Die Toastbrotscheibe zerkrümeln, Zwiebel und Knoblauch schälen und grob zerkleinern. Die Blättchen der gewaschenen Petersilie abzupfen.

3. Anschließend das Brot, die Zwiebel, den Knoblauch, die Petersilie und die Kichererbsen im Mixer fein zerkleinern.

4. Die Masse mit Kreuzkümmel, Koriander, Pfeffer und Salz abschmecken und mit dem Mehl und dem Backpulver verkneten. Daraus walnussgroße Bällchen formen.

5. In einem weiten Topf Öl erhitzen. Wenn am hölzernen hineingehaltenen Kochlöffelstiel Blasen aufsteigen, hat das Öl die richtige Temperatur erreicht. Die Falafel im heißen Öl portionsweise in 4 - 5 Minuten goldbraun frittieren. Auf Küchenpapier abtropfen lassen.

6. Die heißen Falafel schmecken gut mit Zitrone und dazu einem Salat.

ZUTATEN

für 2-3 Portionen

200g Kichererbsen (getrocknet)

1 Scheibe altbackenes Toastbrot

1 Zwiebel

4 Knoblauchzehen

½ Bund Petersilie

2 TL Kreuzkümmelpulver

2 TL Korianderpulver

Salz, Pfeffer

2 EL Mehl

1 TL Backpulver

Frittieröl

20

Das alte Jahr geht zu Ende oder: Guter Rutsch

Das alte Jahr geht zu Ende. Weihnachten ist vorbei. Bis Silvester sind es nur noch wenige Tage. In den Geschäften gibt es Böller und Neujahrsraketen zu kaufen. Die Vorbereitungen für den Silvesterabend laufen auf Hochtouren.

Viele Fragen sind zu beantworten: „Feiern wir mit Freunden oder mit der Familie? Oder vielleicht sogar alleine? Gehen wir essen oder kochen wir selbst?"

All das wird zu Hause ausgiebig diskutiert. Und überall wünscht man sich beim Abschied das Gleiche: „Guten Rutsch ins neue Jahr und Hals- und Beinbruch!" Zu Silvester mag es oft sehr glatt sein, aber sich sofort beim Ausrutschen Knochenbrüche zu wünschen, halte ich doch für übertrieben. Es muss also noch etwas ganz anderes dahinterstecken. Die dem Deutschen am nächsten stehende Sprache ist, nein, nicht Niederländisch, sondern Jiddisch. Eine Sprache, die aus dem Mittelhochdeutschen mit starken hebräischen Elementen hervorgegangen ist. Viele Ausdrücke, die wir täglich benutzen, haben wir aus ihr übernommen. Im Jiddischen wünscht man sich zum jüdischen neuen Jahr (Rosch ha-Schana) „Gut Rosch", welches im Herbst beginnt. Zum neuen Jahr wünschte man sich „Glück und Segen", hebräisch „haslacha we bracha", jiddisch „Hasloche un Broche", was im Deutschen zu „Hals- und Beinbruch" wurde. Das ist keine Schote (jiddisch „schote", deutsch „erfundene Geschichte"), die ich erzähle.

Wenn man sich Silvester beschickert (hebräisch „schikkor", deutsch „trunken"), sollte man auf keinen Fall selber fahren. Die Schmier, wie man im Kölschen und im Jiddischen sagt (hebr. „schmira", deutsch „die Wache"), kann einem da schnell einen schönen Schlamassel (hebr. „shlo", deutsch „schlecht" / hebr. „masal", deutsch „Glück") bereiten.
Bevor man die ganze Familie einlädt, sollte man bedenken, dass diese Mischpoke (hebr. „Mischpacha, deutsch „Familie") richtig viel Moos (hebr. „ma´os", deutsch „Geld") kostet. Da braucht man schon einen betuchten (hebr. „batuach", deutsch „kreditfähig") Onkel, der im letzten Jahr richtigen Reibach (hebr. „rewach", deutsch „Gewinn") gemacht hat. Ob eine solche Silvesterfeier schnell ausartet, liegt oft an der Auswahl der Gäste – die meschugge (hebr, „meschugah", deutsch „verrückt") Tante ist vielleicht für die Feier ganz erheiternd, der Onkel, ein ausgekochter (hebr. „chochem, chacham", deutsch „klug, weise") Ganove (hebr. „gannav", deutsch „Dieb"), der jedoch immer alle abzockt (jidd. „zchoken", deutsch „spielen") und einseift (hebr. „sewel", deutsch „Mist"), macht an dem Abend schnell Zoff (hebr. „sof", „Schluss"). Die Reden des großkotzigen (hebr. „kozin", deutsch „reich") Cousins haben einen schnell geschlaucht (hebr. „schlacha", deutsch „erschöpft").
Reden wir doch mal Tacheles (jidd. „tachles", deutsch „Ziel, Zweck"): Lassen wir uns den Silvesterabend nicht mies (jidd. „mis", deutsch „schlecht") machen und beschummeln (hebr. „schemua", deutsch „Kunde, Nachricht") uns nicht selbst. Es soll kein Tinnef (hebr. „tinnuf", deutsch „Schmutz") sein, aber auch nicht in Maloche (hebr. „melacha", deutsch „Arbeit") ausarten.

Sollten wir uns also doch lieber an das alte Sprichwort halten?

„Das beste Essen ist das, was dir ein anderer serviert;
Der schönste Teller ist, den ein anderer spült;
Und die beste Feier, für die du dich am Morgen nur noch bedanken brauchst."

Einen guten Rutsch ins neue Jahr und Hals- und Beinbruch.

Silvester-Punsch

1. Prosecco in einem Topf auf dem Herd bis kurz vor den Siedepunkt erhitzen. Anschließend das Glühweingewürz im Aufgussbeutel in den Topf hängen und 10 Minuten ziehen lassen.

2. In der Zwischenzeit die Orangen und Blutorangen auspressen und nach Ablauf der Ziehzeit den Saft, Zucker, Holunderblütensirup und 40 ml Cointreau zum Prosecco geben und erhitzen. Achtung, nicht kochen lassen!

3. Währenddessen die Glasränder mit Cointreau einreiben, in Zucker tauchen und mit Orangenscheiben dekorieren.

ZUTATEN

für 5 Gläser

1 l Prosecco

Glühweingewürz, nach Geschmack

150 ml Orangensaft, frisch gepresst

150 ml Blutorangensaft, frisch gepresst

1 EL Zucker

30 ml Holunderblütensirup

50 ml Cointreau

21

Die Heiligen Drei Könige

Paul war aufgeregt. In diesem Jahr, seinem dritten als Messdiener, sollte er nun zum ersten Mal am Sternsingen teilnehmen.
Seit dem ersten Advent lagen die Listen im Vorraum der Pfarrkirche aus, in denen sich alle eintragen konnten, die den Besuch der Sternsinger am 6. Januar wünschen. Früher, so hatte ihm sein Vater erzählt, gingen in Köln die Sternsinger von Haus zu Haus, klingelten an jeder Wohnung, sangen ihr Dreikönigslied und schrieben den Dreikönigssegen, zum Beispiel 19*C+M+B*58, an die Tür. Die Ziffern gaben laut Pauls Vater das jeweilige Jahr an, die drei Buchstaben standen für *Caspar, Melchior* und *Balthasar*, die Namen der Heiligen Drei Könige. Gleichzeitig bedeuteten die Buchstaben jedoch auch *Christus Mansionem Benedicat*, „Christus segne dieses Haus“. Welche Bedeutung die ältere war, wusste selbst der Pfarrer, den Paul gefragt hatte, nicht genau. Es war wie mit dem Ei und der Henne.
Neulich an einem Vorbereitungswochenende hatten Paul und die übrigen Sternsinger nicht nur Dreikönigslieder geübt, sondern auch vom Kaplan viel über die Geschichte von den Sterndeutern Caspar, Melchior und Balthasar erzählt bekommen. Sie hatten die Textstelle im Matthäusevangelium (Kapitel 2,9) gelesen: „Der Stern, den sie hatten aufgehen sehen, zog vor ihnen her bis zu dem Ort, wo das Kind war, dort blieb er stehen“.
Paul war aufgefallen, dass im Evangelium weder etwas von der Zahl „drei“, noch von „Königen“ geschrieben stand. Auf seine Frage erklärte der Kaplan, dass die Zahl von den Geschenken, die sie gebracht hatten – Gold, Weihrauch und

Myrrhe – abgeleitet worden sei. Seit dem 6. Jahrhundert hatte man die drei Sternendeuter dann als „Könige“ bezeichnet – die exakten Gründe hierfür konnte jedoch selbst der Kaplan Paul auf die Schnelle nicht nennen.

Jedenfalls waren in der Zwischenzeit ihre vermutlichen Gebeine von der hl. Helena, der Mutter Konstantins des Großen, um das Jahr 326 n. Chr. herum nach Mailand transportiert worden.

Die Geschichte, wie die Gebeine schließlich nach Köln gelangten, hatte Paul am besten gefallen: Im Jahre 1158 zog Kaiser Barbarossa nach Norditalien, um die Stadt Mailand zu erobern. Der Kölner Erzbischof Rainald von Dassel, der seit 1156 Kanzler des Reiches war, begleitete seinen Kaiser bei diesem Feldzug. Nach vier Jahren hatte Barbarossa Mailand erobert und der Erzbischof für seine Kriegsteilnahme die Reliquien der Heiligen Drei Könige als Geschenk gefordert.

Am 23. Juli 1164 kamen die Holzkisten mit den Gebeinen in Köln an. Sie wurde nicht im großen Triumphzug in die Stadt getragen, sondern heimlich zu Weihnachten durch eine kleine Pforte in der Mauer am Lichhof, neben der Kirche Maria im Kapitol, an ihren Zielort verfrachtet. Heute steht an dieser Stelle das *Dreikünnigepözje*.

Paul, der die kleine Pforte kannte, unterbrach den Kaplan und meinte: „Aber die Stadtmauer war doch ganz woanders! Die war doch dort, wo heute die Ringe in Köln sind!"

Der Kaplan antwortete: „Paul, zur Zeit Barbarossas hatte Köln noch die alte römische Stadtmauer und die verlief eben entlang der Kasinostraße, wo heute das *Dreikünnigepözje* ist. Nicht umsonst heißt die Verlängerung der Hohe Straße dort Hohe Pforte – denn dort war das südliche Stadttor des römischen Kölns.

Wie dem auch sei: Seit dieser Zeit werden die drei Könige in Köln ganz besonders verehrt."

Seit diesem Einführungswochenende hatten Paul, sein Bruder Max und dessen Freund Gustav regelmäßig geprobt. Max und Gustav spielten im Schulorchester Trompete und Posaune; Paul, der seit seinem achten Lebensjahr im Kinderkirchenchor sang, hatte einen sehr guten Jungensopran. So zogen die drei Jungen nach dem Eröffnungsgottesdienst im Kölner Dom durch die ihnen zugewiesenen Straßen ihrer Pfarrei, spielten ihre Lieder und klebten die Segenssprüche über die Haustür. Der Erlös, den sie hierfür erhielten, ging in diesem Jahr an ein Kinderhilfsprojekt in Zentralafrika. So kamen sie auch an das Haus von Pauls und Max' Großeltern, welches direkt am Rhein lag, und klingelten. Als ihnen die Tür geöffnet wurde, fingen Max und Gustav sofort an, eines der ältesten Dreikönigslieder zu spielen. Der Text stammte aus der Feder des Kölner Jesuiten Friedrich Spee aus dem Jahr 1623:

1. Es führt drei König Gottes Hand
mit einem Stern aus Morgenland
zum Christkind durch Jerusalem
zur Davids Stadt nach Bethlehem.
Gott, führ auch uns zu diesem Kind
und mach aus uns sein Hofgesind!

2. Aus Morgenland in aller Eil
sie reisten weit, viel hundert Meil.
Sie zogen hin zu Land und See,
bergauf, bergab, durch Reif und Schnee.
Zu dir, o Gott, die Pilgerfahrt
uns dünke nie zu schwer und hart.

3. Sie kehrten bei Herodes ein,
am Himmel schwand des Sternes Schein;
doch wie zum Kind sie eilig gehen,
den Stern sie auch von neuem sehn.

Gott, laß das Licht der Gnad uns schaun,
auf deine Führung fest vertraun!

4. Und überm Haus wo's Kindlein war
stand still der Stern, so wunderbar;
da knien sie und weih'n dem Kind
Gold, Weihrauch, Myrrh' zum Angebind.
Gott, nimm von uns als Opfergut
Herz, Leib und Seele, Ehr und Blut!

5. Durch Weihrauch stellten fromm sie dar,
daß dieses Kind Gott selber war;
die Myrrh' auf seine Menschheit wies,
das Gold die Königswürde pries.
O Gott, halt uns bei dieser Lehr;
dem Irrtum und dem Abfall wehr!

Pauls helle Stimme konnte sich gut gegen die beiden Instrumente durchsetzen. Die Großeltern schienen ob der musikalischen Darbietung überaus angetan und hatten, neben dem üblichen Geldobolus, noch eine Überraschung für die Kleinen vorbereitet: einen Weidenkorb mit Eiern, Speck und Mehl. Dazu erzählte der Großvater noch eine kleine Geschichte:
Vor 200 Jahren, als Köln preußisch wurde, war Betteln unter Gefängnisstrafe verboten. Die Lehrer an den Elementarschulen waren seinerzeit meist ehemalige Soldaten. Da sie sehr schlecht bezahlt wurden, erlaubte ihnen der preußische König drei Heischegänge im Jahr (erheischen = erbitten): einen am Dreikönigstag, einen zu Ostern und den dritten am Festtag des heiligen Martin. Meist sprangen für sie dabei Mehl, Eier und Speck herum. Diese drei Heischegänge gibt es auch heute noch.
„Jedenfalls, deshalv hann ich üsch uch so ene Korv jemaat. Und deshalv jitt et morje bei uns Speckpannekoche." [*„Deshalb habe ich euch auch einen solchen Korb gemacht. Und deshalb gibt es auch bei uns morgen Speckpfannekuchen."*]
Paul aber hatte den ganzen Tag schon eine Frage, die er noch unbedingt seinem Großvater stellen wollte.
„Opa, weißt du, ob das wirklich die echten Gebeine der Heiligen Drei Könige sind?"
„Dazo kann ich dir nur saare, wat domohls der Kardinal Frings jesaat hät: Dat hätt nix mit Wisse ze dunn, nur mit Jläuve. Wie uch suns vill op dä Welt." [*„Da kann ich dir nur mit einem Zitat von Kardinal Frings antworten: Das hat nichts mit Wissen zu tun, sondern nur mit Glauben. Wie vieles auf dieser Welt."*]

Speckpfannkuchen

1. Das Mehl, Eier, Milch, Zucker, Salz und nach Belieben Backpulver mit einem Rührstab in einer Schüssel vermischen und anschließend den Teig 15 Minuten ruhen lassen.

2. In der Zwischenzeit den Frühstücksspeck in schmale Streifen schneiden und 50 g davon in einer Pfanne mit Butterschmalz kross anbraten. ¼ des Teiges über den Speck geben und den Pfannkuchen von jeder Seite goldbraun anbraten.

3. Aus dem restlichen Speck und Teig noch drei weitere Pfannkuchen, wie oben beschrieben, zubereiten.

ZUTATEN

für 4 Portionen

100 g Mehl

4 Eier

500 ml Milch

1 Prise Zucker

1 Prise Salz

Backpulver, nach Belieben

200 g Frühstücksspeck

Butterschmalz zum Braten

22

Wird Weihnachten in diesem Jahr in Deutschland überhaupt stattfinden können?

Jedes Jahr stellt er sich die Frage aufs Neue: Wie kann ein in die Jahre gekommener Weihnachtsmann im Rentierschlitten mit Übergepäck das Hoheitsgebiet der Bundesrepublik Deutschland am besten erreichen?

Von Jahr zu Jahr scheint es schwerer zu werden. Große offene Kamine sind in der Feuerstättenverordnung längst nicht mehr vorgesehen. Schon vor Jahren hatte sich der Weihnachtsmann in einer bekannten Kölner Firma, welche Schlösser und Sicherheitstechnik herstellte, im Öffnen von Fenstern und Türen ausbilden lassen. Nicht immer war dies einfach gewesen – manchen polizeilichen Einsatz hatte er damit schon ausgelöst. Dank seiner jahrhundertelangen Erfahrung war er jedoch nie von der Polizei aufgegriffen worden.

In diesem Jahr aber bestand die Schwierigkeit schon in der Anreise: Die Sicherheitsbehörden hatten den Luftraum unter ständiger Kontrolle. Selbst ein sechsspänniger Rentierschlitten konnte dort nicht unbemerkt hindurch. So beschloss er, dieses Jahr auf den üblichen Besuch in seiner ursprünglichen Heimat an der türkischen Riviera zu verzichten.

Stattdessen entschied sich der Weihnachtsmann, vom Nordpol über Norwegen und Schweden und Dänemark auf der Nordroute nach Deutschland zu reisen. Legoland hatte er bereits überflogen, nun näherte er sich der deutschen Grenze. Von oben konnte er Flensburg und Glücksburg sehen, am Horizont glitzerte die langsam zufrierende Schlei. Kaum allerdings hatte er die Flensburger Förde überflogen, da näherten sich ihm zwei Abfangjäger, die er sofort aufgrund ihrer Kreuzzeichen als Maschinen der deutschen Luftwaffe identifizierte. Rudolf, das Rentier mit der roten Nase, welches aus Sicherheitsgründen immer als erstes im Gespann flog, wurde nervös. Obwohl der Weihnachtsmann fröhlich mit seinem weißen Schal winkte, zwangen ihn die Kampfpiloten zur Landung.

Auf dem Boden wurde der Weihnachtsmann sogleich aus seinem Schlitten gezerrt und sofort zur Bundespolizeistation nach Flensburg gebracht. Schlitten und Rentiere wurden beschlagnahmt, um später von der Zollbehörde verwertet zu werden. Zum Glück waren die Wichtel und Engel, die den Weihnachtsmann begleiten, für das menschliche Auge unsichtbar. So konnten sie noch in der gleichen Nacht den Schlitten und die sechs Rentiere nach Norwegen in Sicherheit bringen, wo sie bei einem befreundeten Troll Unterschlupf fanden. In eben jener Nacht – nachdem festgestellt wurde,

dass der alte Mann weder über gültige Papiere noch über eine anerkannte Staatsbürgerschaft verfügte – wurde der Weihnachtsmann am Flensburger Grenzübergang nach Dänemark abgeschoben. Von Frederikshavn aus konnte er durch einen freundlichen Kapitän, der ihn noch aus seinen Kindertagen kannte, mit der Fähre nach Oslo gelangen.

Die deutschen Behörden hatten versucht, den gesamten Vorfall geheim zu halten. Doch gleich am nächsten Tag lud der Weihnachtsmann zu einer Pressekonferenz, wobei er von Regierungskreisen in Oslo unterstützt wurde – man munkelte, selbst die königliche Familie sei involviert gewesen. Europäische, amerikanische und australische Fernsehanstalten übertrugen die Konferenz live im Rahmen einer Sondersendung. In deutlichen Worten erklärte der Weihnachtsmann, dass er so etwas in seinem gesamten 400-jährigen Leben noch nicht habe ertragen müssen. Er stünde daher, auch aufgrund seines Alters, unmittelbar vor dem Entschluss, sein Amt niederzulegen. Alle Rechte würde er an eine Stiftung abtreten, die die Firma Coca-Cola betreue und die somit in Zukunft für die globale Kinderbescherung zuständig sei. Seine Rentiere, so hatte das norwegische Königshaus zugesagt, würden Aufnahme in einem Naturschutzgebiet in Lappland finden. Und seinen Schlitten vermache er demjenigen Automobilhersteller, der als erster ein vernünftiges Konzept für eine Abgasvermeidung vorlegen würde.

Anschließend ging der Weihnachtsmann erst einmal in einem Osloer Restaurant speisen. Da er seit Jahrhunderten nichts Süßes mehr aß, bestelle er sich etwas Pikantes – das Lieblingsgericht von Wichtel Erne, der vom Nordkap stammte: eine norwegische Lachsroulade.

Norwegische Lachsroulade

1. Das Mehl, die Milch, die Eier und das Öl mit dem Schneebesen oder Mixer zu einem Teig verrühren und 30 Minuten ruhen lassen. Währenddessen ein Backblech mit Silikonfolie oder Backpapier auslegen und den Teig nach der Ruhezeit darauf verteilen.

2. Anschließend den Teig im vorgeheizten Backofen bei 250°C ca.12 Minuten backen.

3. Frischkäse, Meerrettich, Dill und Crème fraîche mit dem Schneebesen verrühren, mit Salz und Pfeffer abschmecken und die Hälfte davon auf den Pfannkuchen streichen. Den Räucherlachs in Scheiben darauf legen. 2 EL der Käsemasse zurückbehalten, den Rest auf dem Lachs verstreichen. Den Pfannkuchen noch warm aufrollen, da er sonst bricht und mit der restlichen Käsemasse garnieren. Im Kühlschrank mindestens 30 Minuten durchkühlen, dann in 1-2 cm dicke Scheiben schneiden und anrichten.

4. Dazu passen gebratene Nordseekrabben und Salat.

ZUTATEN

für 6 Portionen

50 g Mehl

150 ml Milch

2 Eier

1 EL Öl

300 g Frischkäse

1 EL Meerrettich

3 EL geh. Dill

250 ml Crème fraîche oder Sauerrahm

Pfeffer, Salz

300 g Räucherlachs in Scheiben

23

Neujahrssegen

Gebet des Pfarrers von St. Lamberti (Münster), Hermann Kappen, zu Neujahr 1883

Herr, setze dem Überfluss Grenzen
und lasse die Grenzen überflüssig werden

Lasse die Leute kein falsches Geld machen
und auch das Geld keine falschen Leute

Nimm den Ehefrauen das letzte Wort
und erinnere die Männer an ihr erstes.

Schenke unseren Freunden mehr Wahrheit
und der Wahrheit mehr Freunde.

Bessere solche Beamte, Geschäfts- und Arbeitsleute,
die wohl tätig, aber nicht wohltätig sind.

Gib den Deutschen eine bessere Regierung
und den Regierenden ein besseres Deutsch.

Herr, sorge dafür, dass wir alle
in den Himmel kommen
– aber bitte nicht sofort.

Karpfen blau

1. Den Fisch von innen und außen mit kaltem Wasser abspülen und trocken tupfen. Die Schleimschicht auf der Haut darf dabei nicht beschädigt werden.

2. Den Fenchel und die Möhren klein schneiden. Die geschälte Zwiebel mit den Nelken spicken.

3. Das klein geschnittene Gemüse gemeinsam mit der Zwiebel, den Pfefferkörnern, Salz, den Lorbeerblättern, dem Wein und 1,5 l Wasser zum kochen bringen. Das Ganze 30 Minuten leicht köcheln lassen.

4. Den Essig separat aufkochen lassen und anschließend über den vorbereiteten Karpfen gießen. Die Schleimschicht verfärbt sich dabei blau.

5. Den Karpfen dann in den kochenden Sud geben und 20 Minuten darin ziehen lassen. Nach der Garzeit den Karpfen vorsichtig mit einer Schaumkelle herausnehmen und auf einer Platte mit dem Gemüse servieren.

6. Dazu passen Salzkartoffeln, zerlassene Butter und Meerrettich.

ZUTATEN

für 4 Portionen

1 Karpfen, ca. 1,5 kg, küchenfertig

300 g Fenchelknollen

300 g Möhren

1 Zwiebel

2 Gewürznelken

5 Pfefferkörner

Salz

2 Lorbeerblätter

¼ l trockener Weißwein

¼ l Weißweinessig

24

Hans Muff
nach „Knecht Ruprecht"
von Theodor Storm

Vun drusse kumm isch her, direck us däm Wald,
isch muss üsch sare, et Chreskind kütt bald
Un üvverall zwesche Tannespetze
soh isch kleine Engelscher flitze.
Un bovven an der Himmelsdür
luurte met jroße Ore et Chreskind hervür.

Et reef met heller Stemm un dät misch anluure:
„Hans Muff, hür mer zo un sperr op dinge
Uhre.
Maach schnell un nemm dinge Bein in de
Häng,
sons küsste met der Zick en de Bräng.
De Lück stecke all die Käze op,
die Himmelspooz es janz wigg op.
Für alle Lück, ob klein, ob jroß,
vum ahle Mann bes zom kleene Quoß,
für se all sull Ruh un Fridde sin.
Dat es für misch am Fess dr deefe Sinn.
Et sull widder Chresdaach wäde.
Für die joden Willens, Fridde op Äde."

Isch saat: „Leeven Här, jot Christuskind,
isch maache misch op, janz schnell un je-
schwind.
Et jitt noch en Stadt, die mir am Hätze litt,
et es dat hillije Kölle, wo et nur leeve Kinder jitt.
Do muss isch noch hin, zo dä kölsche Pänz,
dann ben isch fädisch, ming Reis es am Eng."

„Häste och dinge Sack öndlich volljemaat?"
Isch saat: „Klor, dä Sack steht he schon parat.

Hä es volljefüllt bes an dä Rand
met de beste Saache, die isch nur fand.
Voll met Äppel, Nöss un Schokolädscher,
jebrannte Mandele för Jonge un Mädscher."

„Un wat määste met Pänz, die net artisch
wore?"
„Die pack isch beim Kamesol un bei de Hoore,
steck se met Schwung in dä Sack erinn
un wade, bes se widder artisch sin.
Die Rut es doheim, isch bruche se nit,
weil bei mir doch keiner mieh Prügel kritt."

Dat Chreskind sproch: „Su es dat räsch.
Jank met Jott, du jode Knäsch."
Su kumm isch noh Kölle, direck us däm Wald.
Isch kann üsch sare, et Chreskind kütt bald.
Nun säht mer, wie sin he die Pänz un
die Quöß?
Woren se brav oder woren se bös?

Gebrannte Mandeln aus Hans Muffs Sack

ZUTATEN

200 g ungeschälte, ganze Mandeln

125 g Zucker

100 ml Wasser

1 Päckchen Vanillezucker

1 TL Zimt

Butter

1. Wasser in eine beschichtete Pfanne geben und Zucker, Vanillezucker und Zimt darin aufkochen. Die Mandeln hinzufügen und unter ständigem Rühren das Wasser verdampfen lassen. Anschließend bei mittlerer Hitze weiter rühren und die Mandeln karamellisieren lassen.

2. Wenn der Zucker Fäden zieht, die Mandeln auf ein gebuttertes Blech geben und mit Hilfe von zwei Gabeln die Mandeln voneinander trennen.

IMPRESSUM

Math. Lempertz GmbH
Hauptstr. 354
53639 Königswinter
Tel.: 02223 / 900036
Fax: 02223 / 900038
info@edition-lempertz.de
www.edition-lempertz.de

Autor: Ludwig Kroner
Titelgestaltung: gb-s Mediendesign, Königswinter
Layout/Satz: Christine Mertens

Gesamtherstellung: Print Consult GmbH, München
Printed and bound in Slovenia

ISBN: 978-3-945152-61-4

Bildernachweis
©Fotolia: kebox, wooster, nataliahubbert, tolgatezcan, cutelittlethings, alexrockheart, depiano, Nadezda Kostina, Nopi Pantelidou, artnerdluxe, ~Bitter~